FRONTIERE

Contro il negazionismo

Perché in economia serve più rigore scientifico

PIERRE CAHUC
ANDRÉ ZYLBERBERG

Prefazione di
GUIDO TABELLINI

Titolo originale: *Le négationnisme économique. Et comment s'en débarrasser*

Traduzione: Elena Zuffada

Via Salasco, 5 - 20136 Milano
Tel. 02/5836.5751 - Fax 02/5836.5753
egea.edizioni@unibocconi.it - www.egeaeditore.it

Prima edizione: febbraio 2018

ISBN 978-88-8350-271-2

Stampa: Geca Industrie Grafiche, San Giuliano Milanese (MI)

FSC www.fsc.org MISTO Carta da fonti gestite in maniera responsabile FSC® C007287

Questo volume è stampato su carta FSC® proveniente da foreste gestite in maniera responsabile secondo rigorosi standard ambientali, economici e sociali definiti dal Forest Stewardship Council®

INDICE

PREFAZIONE ALL'EDIZIONE ITALIANA

di *Guido Tabellini**

Viviamo in un'epoca in cui il progresso scientifico avanza a velocità straordinaria. Eppure spesso le decisioni politiche non incorporano le migliori e più aggiornate conoscenze, e l'opinione pubblica non solo non è adeguatamente informata, ma spesso è vittima di credenze errate e in contrasto con il consenso scientifico. Paradossalmente, il fenomeno sembra essersi accentuato con la diffusione di Internet.

Questo problema esiste in tutti i campi: dalla medicina, alla climatologia, alle scienze sociali. In un mondo complesso, la conoscenza scientifica non può essere né semplice, né esatta. Le affermazioni scientifiche spesso sono probabilistiche e contingenti: se fai A e il contesto è B, allora probabilmente succede C. Sono affermazioni utili e potenzialmente importanti, naturalmente. Ma sono difficili da comunicare. L'opinione pubblica è disattenta, e cerca risposte semplici, facili da capire, e che possano essere assorbite senza troppo sforzo. Il risultato è che molto spesso i progressi scientifici non informano adeguatamente il dibattito politico, e decisioni fondamentali per il benessere collettivo sono prese sulla base di pregiudizi, idee sbagliate o illusioni semplicistiche.

Il problema è particolarmente rilevante in economia. Innanzitutto, perché vi sono grandi interessi in gioco: organizzazioni, gruppi, imprese spesso hanno un forte incentivo a manipolare l'opinione pubblica e a influenzare le decisioni politiche, e spesso vi riescono. In secondo luogo, perché i fenomeni economici e sociali sono estremamente complessi e difficili da prevedere, e ciò contribuisce a diffondere

* Università Bocconi, Milano.

l'opinione errata che la scienza economica non abbia nulla di rilevante da dire. Come ha chiesto la Regina Elisabetta, «Perché nessuno ha visto arrivare la (recente) crisi finanziaria?» (in realtà qualcuno aveva lanciato segnali di allarme). Infine, perché le implicazioni pratiche dell'economia riguardano ambiti che sono anche oggetto di visioni ideologiche e di programmi politici. E l'evidenza empirica rivela che spesso le opinioni politiche e i giudizi di valore condizionano anche le credenze individuali circa le conseguenze di specifici interventi o azioni. Per esempio, in base a un sondaggio condotto dalla General Social Survey nel 2010, negli Stati Uniti il 54% degli intervistati che votano per il Partito Democratico sono convinti che il riscaldamento climatico sia estremamente pericoloso per l'ambiente, contro il 36% di coloro che votano per il Partito Repubblicano. E in base a un sondaggio del Pew Research Center del 2012, il 65% degli intervistati che votano per il Partito Democratico pensa che aumentare le tasse sui ricchi aiuterebbe l'economia, contro il 27% di coloro che votano per il Partito Repubblicano.

Il risultato è che le conoscenze economiche stentano a informare il dibattito politico, e l'opinione pubblica è spesso vittima di pregiudizi o credenze che sono in contrasto con il consenso e le conoscenze consolidate della scienza economica. Questo libro illustra magistralmente il problema, ne discute le conseguenze, e propone alcuni possibili rimedi.

Il punto centrale del libro è che negli ultimi anni l'economia ha attraversato una vera e propria rivoluzione. Grazie alla grande disponibilità di dati e a importanti innovazioni metodologiche, la conoscenza economica ora si appoggia su risultati sperimentali o quasi-sperimentali, e l'evidenza empirica svolge un ruolo fondamentale nel guidarne il progresso. Da un lato, questo vuol dire che la conoscenza economica ha ora solide basi empiriche, e le sue prescrizioni sono diventate più affidabili. Dall'altro, il metodo sperimentale può essere esteso per valutare le conseguenze di specifici interventi di politica economica, senza dover far affidamento a ipotesi solo teoriche. Tuttavia questi progressi spesso sono ignorati al di fuori della disciplina, con la conseguenza che il dibattito di politica economica è spesso viziato da pregiudizi ideologici.

Il libro contiene molti esempi tratti dal dibattito politico ed economico in Francia. Ma il lettore italiano sarà colpito da quanto forti sono le somiglianze con i problemi economici discussi anche in Italia.

Per esempio, anche in Italia il pensiero economico è spesso additato come un «pensiero unico», adagiato sull'ideologia neoliberista che vede il mercato come la soluzione di tutti i problemi. Ma non è così. Innanzitutto, è semplicemente falso che in economia vi sia un'unica visione dominante. Al contrario, spesso gli economisti sono accusati di non essere mai d'accordo tra loro, come ci ricorda la battuta di Churchill: «Se metti due economisti in una stanza, hai due opinioni, a meno che uno di loro sia Lord Keynes, nel quale caso hai tre opinioni». In secondo luogo, il neo-liberismo non ha nulla a che vedere con il consenso scientifico in economia. Basta ricordare che Jean Tirole ha vinto il premio Nobel in economia nel 2016 per i suoi studi sulla regolamentazione dei mercati. Chi afferma il contrario semplicemente non sa di che cosa sta parlando. Il punto è che accusare gli economisti di «pensiero unico» o di «ideologia liberista» è spesso un modo per screditarne gli argomenti, senza entrare nel merito delle questioni dibattute.

I nuovi movimenti populisti usano spesso questo argomento, anche in Italia. Ciò non deve sorprendere. Sebbene in economia non vi sia un pensiero unico, infatti, vi è comunque uno stock di conoscenze consolidate e non vuote di contenuto. Questo stock di conoscenze spesso è in contrasto con le ricette populiste. Anche in Italia, il populismo – di destra come di sinistra – spesso avanza proposte semplicistiche e miopi: la moneta fiscale come antidoto all'Euro, una «flat tax» (o tassa unica) al 15%, l'affermazione che un aumento della spesa pubblica finanziato in disavanzo sia compatibile con la discesa del debito pubblico. Queste proposte o affermazioni non stanno in piedi dal punto di vista economico, e si scontrano con le conoscenze consolidate degli economisti. Ecco allora che conviene screditare l'economia e accusarla di pensiero unico e ideologico. Diffondere la sfiducia verso gli esperti e le élite, cioè, è un modo per evitare di fare i conti con la realtà. Questo accade in Francia, come in Italia, in Inghilterra, o negli Stati Uniti.

Le analogie tra Francia e Italia non si limitano al carattere generale del dibattito di politica economica e al ruolo degli economisti. Anche gli aspecifici argomenti trattati in questo libro hanno forti riscontri nelle questioni ampiamente discusse in Italia.

Il Capitolo 2 documenta come spesso chi invoca una nuova politica industriale in realtà stia cercando protezione dalla concorrenza o sussidi per tenere in vita impese non competitive. La lezione vale anche per l'Italia. Gli interventi per il Mezzogiorno sono l'esempio più lampante degli errori commessi nel nostro paese nel disegnare politiche di sviluppo regionale. Mario Draghi, aprendo un convegno sulle politiche del Mezzogiorno nel 2009, quando era governatore della Banca d'Italia, riassumeva così i risultati delle ricerche svolte sull'argomento: «Le nostre analisi mostrano che i sussidi alle imprese sono stati generalmente inefficaci: si incentivano spesso investimenti che sarebbero stati effettuati comunque; si introducono distorsioni di varia natura penalizzando frequentemente imprenditori più capaci. Non è pertanto dai sussidi che può venire uno sviluppo durevole delle attività produttive». Gli studi della Banca d'Italia suggeriscono invece di promuovere politiche generali (istruzione, giustizia, trasporti), con obiettivi riferiti a tutto il paese, cercando però di capire perché le condizioni ambientali rendano la loro applicazione meno efficace in alcune aree. Questa lezione è una diretta implicazione di rigorosi studi empirici sull'argomento. Eppure essa è spesso ignorata nel dibattito politico.

Più in generale, in Francia come in Italia, la migliore politica industriale è quella che favorisce l'innovazione. Ma per innovare occorre spendere in ricerca, avere un sistema universitario all'avanguardia, e attrarre o trattenere i migliori talenti e concentrarli in poli d'eccellenza. E per attrarre talenti sono necessarie infrastrutture che funzionano: trasporti, sanità, sistema scolastico, tutela dell'ambiente. Migliorare la qualità della vita nelle città più dinamiche e investire nel sistema universitario è spesso una delle ricette più efficaci per stimolare l'innovazione e favorire lo sviluppo economico.

Nel Capitolo 3, gli autori discutono un luogo comune ricorrente: la finanza è un coacervo di speculatori che si arricchiscono a spese dei risparmiatori inesperti, e lo Stato deve riacquistare il controllo su come vengono indirizzati i flussi di risparmio. Chi abbia seguito i lavori della Commissione Parlamentare di Inchiesta sul Sistema Bancario e Finanziario a fine 2017 ritroverà ampi echi di questa idea nel dibattito italiano.

La condanna delle imposte è un'altra idea comune, che viene discussa nel Capitolo 4. Anche questo è un tema familiare in Italia. Ricordate la battuta dell'ex ministro Giulio Tremonti: «Mettere Vincenzo Visco alle Finanze è come mettere Dracula alla guida dell'Avis»? L'idea che le imposte siano vessatorie ed eccessive è ricorrente in qualunque paese ed epoca storica (anche quando il carico fiscale era ben più basso di oggi). Sebbene talvolta quest'opinione non sia ingiustificata, essa è spesso usata come alibi per giustificare l'evasione fiscale e per concedere una miriade di crediti d'imposta. Le imposte uniformi sono generalmente le migliori dal punto di vista economico, perché sono semplici, trasparenti e poco distorsive. Ma le imposte uniformi non piacciono ai politici, che vogliono indirizzare privilegi fiscali verso i gruppi più influenti o più decisivi nella competizione politica. La conseguenza è che ogni sistema fiscale è pieno di eccezioni, sotto forma di crediti d'imposta, agevolazioni, bonus, esenzioni. Italia e Francia non fanno eccezione a questa regola.

Il Capitolo 5 discute delle politiche keynesiane, un altro tema al centro del dibattito economico in Italia. L'affermazione che una politica fiscale espansiva si autofinanzia, perché induce una crescita dell'economia, è tanto comune quanto sbagliata. L'idea può avere un fondamento in situazioni estreme, quali quelle in cui si trovavano le economie europee durante la fase più acuta della crisi finanziaria. Ma in situazioni più normali, le stime del cosiddetto «moltiplicatore keynesiano» (di quanto aumenta il reddito nazionale in seguito a un'espansione fiscale) suggeriscono che non ci sono scorciatoie: per ridurre il debito pubblico rispetto al reddito nazionale, occorre contenere la spesa e/o aumentare le imposte. Il lettore troverà discussi in questo capitolo numerosi temi rilevanti anche in Italia.

Infine, il Capitolo 6 affronta una questione tipicamente francese, ma ricca di implicazioni più generali: le conseguenze della riduzione dell'orario di lavoro. L'idea che si possa creare più lavoro per tutti riducendo per legge l'orario di lavoro è stato uno dei cavalli di battaglia della Sinistra in Francia, nonostante ampia evidenza empirica contraria. La logica di questa idea sbagliata, tuttavia, è comune ad altri concetti analoghi e di dubbia validità, quali la preoccupazione che gli immigrati tolgano lavoro ai nativi, o l'idea che anticipare l'età di pensionamento possa aiutare i giovani a trovare lavoro. Dietro tutte queste idee sta la visione sbagliata che il numero di posti di lavoro sia fisso, e che si possano trascurare gli effetti indiretti (o di equilibrio generale) sul costo del lavoro, o sul bilancio pubblico, o sugli investimenti. Di nuovo, il lettore italiano ritroverà qui numerosi temi ripetutamente dibattuti anche in Italia, e riferimenti a risultati empirici quanto mai rilevanti.

Che cosa fare, per evitare che l'opinione pubblica sia vittima di credenze prive di fondamento, e per avvicinare il dibattito politico alle migliori e più consolidate conoscenze in campo economico?

Innanzitutto, anche gli economisti non devono cercare di vendere false certezze. La scienza economica ha molte implicazioni rilevanti per la politica economica, e ormai vi è un stock accumulato di conoscenze pratiche che possono informare le decisioni politiche. Tuttavia, in economia non vi sono leggi universali che valgono con esattezza e precisione, e la nostra capacità di prevedere le conseguenze di specifiche azioni è comunque limitata. Far valere il principio di autorità scientifica anche quando non vi sono conoscenze consolidate, o esagerando la portata della nostra conoscenza, è controproducente perché alimenta lo scetticismo e giustifica le critiche ideologiche. Non sempre gli economisti si sono astenuti dal commettere questo errore, anche nel nostro paese.

In secondo luogo, i giornalisti devono documentarsi e sapere che non tutte le opinioni meritano lo stesso peso. Nel nome del pluralismo, spesso i media danno visibilità e rilevanza a opinioni palesemente false o contraddette da rigorosi studi scientifici, mettendole sullo stesso piano di affermazioni che invece sono sostenute da un ampio spettro di ricerche e approfondimenti. Questo non vuol dire dare più peso alle opinioni dei docenti universitari, indiscriminatamente. In Italia come altrove, spesso i sedicenti economisti più visibili sui media e più pronti a esprimere un giudizio sono anche quelli meno aggiornati e preparati. Un giornalista deve però saper distinguere tra i ciarlatani e gli esperti, e capire con chi ha a che fare. Nell'era di Internet, non è difficile valutare le credenziali di un interlocutore.

Infine, è importante trasmettere all'opinione pubblica l'idea che non esistono ricette semplici o miracoli. Sono decenni che l'economia italiana stenta a crescere, non dà opportunità ai giovani, ha un debito pubblico elevato. Se nessuno si è accorto prima che c'era una scorciatoia per aumentare la crescita, ridurre la disoccupazione o combattere la povertà, quasi certamente è perché quella scorciatoia è un vicolo cieco che non porta da nessuna parte. Anche se è difficile da accettare, probabilmente non vi sono alternative alle riforme scomode e impopolari che molti osservatori esterni ci suggeriscono da tempo.

PREFAZIONE

Nel settembre del 2016 pubblicavamo *Le négationnisme économique*[1]. Nostro intento era far conoscere al grande pubblico la «rivoluzione sperimentale» che da oltre vent'anni sta sconvolgendo l'analisi economica. Abbiamo in particolare insistito sull'impatto di tale rivoluzione nelle valutazioni di politica economica. Dopo aver dichiarato che in tale disciplina un approccio realmente scientifico stava soppiantando l'ideologia e le credenze, siamo stati travolti da un fiume di critiche partigiane e soprattutto infondate. Il nostro libro ha suscitato un interesse senza precedenti per un libro di economia. Sono state scritte centinaia di pagine di commenti sui mezzi di comunicazione più disparati. L'uscita dell'edizione tascabile ci dà l'occasione per trarre degli insegnamenti da questa ondata di reazioni e di polemiche e per tornare alla questione di fondo del dibattito.

A proposito del termine «negazionismo»

Il titolo del nostro libro è stato giudicato «abietto», «nauseabondo», «fatto per imbrattare», riconducibile al «metodo Zemmour»[2]. In realtà, l'impiego del termine «negazionismo» è servito per mettere in luce la vera natura di chi lo utilizza. Tali reazioni indignate, esagerate, rivelano tutt'al più l'ignoranza dei loro autori, ma più verosimilmente la loro cattiva fede. Questi nuovi «indignati», appellandosi a una sedicente «eterodossia» in opposizione alla scienza «ufficiale» – in particolare il gruppo degli Economisti Sgomenti[3], think tank della sinistra «critica» – forse non sanno, o hanno fatto finta di non sapere, che negazionismo scientifico è l'espressione deputata a designare i discorsi volti a screditare lo stato delle conoscenze stabilite dalla comunità dei ricercatori. Questo termine è comune nelle analisi sullo sviluppo delle scienze ed esprime l'essenza dell'*agnotologia*, che analizza l'ignoranza partendo dalla constatazione che spesso quest'ultima non è il frutto dell'assenza di conoscenza, ma piuttosto di conoscenze erronee prodotte da talune strategie di disinformazione[4]. Sin dalle prime pagine del nostro libro ricordiamo dunque che gli industriali del tabacco hanno a lungo finanziato degli pseudo-esperti allo scopo di indurre l'opinione pubblica a mettere in dubbio la responsabilità del fumo nell'insorgere di vari tipi di tumore; che gli scettici del clima, talvolta aiutati dalle multinazionali petrolifere, hanno contestato – con argomentazioni apparentemente scientifiche – il consenso stabilito pazientemente dal GIEC (Gruppo intergovernativo sul cambiamento climatico) sulla responsabilità umana nel riscaldamento globale. Allo stesso modo taluni hanno messo in dubbio il ruolo del virus HIV nella diffusione dell'AIDS. In tutti questi casi gli scienziati non hanno esitato a parlare di *negazionismo*.

Questo termine può essere impiegato in ambito economico? Certamente sì, e d'altronde non siamo i primi a farlo! Per quanto ne sappiamo, la paternità del suo utilizzo nella nostra disciplina va attribuita a Yanis Varoufakis, ex ministro delle Finanze della Grecia oltre che icona dell'eterodossia economica. Nel suo *Cours d'économie idéal*[5] Varoufakis critica chiunque ritenga che i disoccupati si trovino in quella situazione in modo *volontario* e, a ragione, definisce «negazionisti della disoccupazione» chi la pensa in questo modo. Gli esperti del settore sono unanimi nel sostenere che in realtà la stragrande maggioranza dei disoccupati lo sia in modo *involontario*; Varoufakis ha dunque perfettamente ragione a definire «negazionista» chi si oppone a tale consenso. Nel nostro libro utilizziamo il medesimo aggettivo riferendoci a chi è in aperto contrasto con l'accordo unanime della ricerca internazionale su argomenti come, per esempio, la riduzione dell'orario di lavoro o l'immigrazione. Le persone che si sono sentite «umiliate» o «macchiate» dall'impiego del termine negazionismo hanno subito per mano nostra la stessa sorte che Yanis Varoufakis ha inflitto ai sostenitori della tesi della «disoccupazione volontaria». Chi, con pudore, si è detto «indignato» da tale aggettivo dovrebbe riflettere sul pensiero di Albert Camus, secondo cui la logica dell'«indignato» consiste in effetti nello «sforzarsi al linguaggio chiaro per non infittire la menzogna universale»[6]. Non stanare il negazionismo scientifico là dove si trova equivale esattamente ad appesantire la menzogna universale.

A proposito dei mass media

Il sottotitolo del nostro libro – *Et comment s'en débarrasser*[7] – ha subito almeno tante critiche quanto il titolo, e queste hanno contribuito a spingere oltre l'indignazione e la rivolta. Gli Economisti Sgomenti e altri eterodossi vi hanno scorto un'«impresa di purificazione ideologica» contrassegnata dalla volontà di eliminare qualsiasi pensiero «critico» per far regnare una forma di «terrore intellettuale». L'apice di questo delirio di persecuzione è stato toccato in occasione della pubblicazione – sul sito *Mediapart* il 12 settembre 2016 – di un articolo dal titolo «contro l'intimidazione economica» firmato da alcuni noti giornalisti. Questi ultimi hanno visto nel nostro libro un «tentativo di intimidazione» che vorrebbe imporre loro di «sottomettersi all'autorità della vera scienza economica e dunque di bandire dai loro articoli i riferimenti agli eterodossi», ricordando inoltre pomposamente che il loro «dovere» consiste nel difendere la diversità delle opinioni «costitutiva delle nostre società democratiche»!

I nostri detrattori, in particolare i pochi giornalisti autori di tale articolo, avrebbero fatto meglio a rileggere il capitolo 7 del nostro libro (intitolato *Come sbarazzarsi del negazionismo economico?*) prima di accusarci di essere nemici della libertà di pensiero e della democrazia. In quel capitolo spieghiamo che per comprendere il mondo in cui viviamo il miglior punto di riferimento resta la conoscenza prodotta dalla comunità scientifica, ma che si tratta di una sorta di scommessa in quanto, un giorno o l'altro, questa conoscenza potrebbe rivelarsi inesatta. D'altra parte, dubitare sistematicamente dei risultati stabiliti da tale comunità – che è poi l'essenza stessa del negazionismo scientifico – si rivela ben più rischioso e pericoloso. Gettare il sospetto sull'approccio scientifico è un pericolo maggiore per le nostre democrazie. La promozione di tale metodo resta l'unico vero antidoto per i virus diffusi dalle «verità alternative» e altre *fake news*. La difesa della democrazia impone effettivamente di sbarazzarsi per quanto possibile del negazionismo scientifico in ogni settore, compresa l'economia. Nel capitolo 7 proponiamo dunque delle «istruzioni» per combatterlo. Insistiamo in particolare sul fatto che la strategia dei negazionisti mira in conclusione a influenzare i mass media, poiché sono loro preclusi i mezzi di comunicazione abituali della produzione scientifica. I giornalisti sono i bersagli privilegiati dalla strategia negazionista. In tali «istruzioni» proponiamo dunque alcune misure affinché essi non diventino, la maggior parte delle volte a loro insaputa, dei mezzi di diffusione di contro-verità scientifiche. In particolare invitiamo i giornalisti a non fare *sistematicamente* ricorso agli stessi opinionisti e a informarsi sul *valore* delle loro attività scientifiche. In che cosa tale suggerimento sarebbe lesivo della libertà di pensiero e della democrazia? Non è assolutamente un appello a bandire le differenze. Al contrario, pensiamo che si debba ampliare la diversità di punti di vista nei mass media, ma con un principio di precauzione minima: dovrebbe essere debitamente segnalato il rifiuto sistematico delle conoscenze stabilite dalla comunità scientifica. Il negazionismo scientifico non è un'opinione come le altre, è un flagello che tutti dovremmo combattere.

Tale proposta, di buon senso, che fa *appello a un maggiore pluralismo*, ha suscitato un'opposizione molto violenta da parte degli economisti autoproclamatisi eterodossi che occupano gli avamposti della scena mediatica... e che tuttavia invocano sempre un maggiore pluralismo! Li si può comprendere: una maggiore presenza mediatica di ricercatori di ogni tipo comprometterebbe la loro posizione privilegiata. La competizione che li contrappone mediaticamente al «resto del mondo» è un vitalizio che vogliono conservare a ogni costo. In definitiva, possiamo seriamente mettere in dubbio che militino per un vero e proprio pluralismo.

Pertanto, non si tratta affatto di impedire il dibattito, anzi. Ma un dibattito informativo non è sempre sinonimo di confronto *politico*, che il più delle volte si presenta come uno scontro tra correnti di pensiero. Ciò perpetua l'idea che alla fine l'economia sia una questione di opinioni, ma questo è da escludere.

Il ruolo dell'economista

Un altro dibattito suscitato dal nostro libro riguarda il ruolo dell'economista nello Stato. Gli Economisti Sgomenti e più in generale la maggior parte degli economisti autoproclamatisi eterodossi si sono fatti sostenitori di una visione «militante» dell'economista, secondo la quale quest'ultimo dovrebbe partecipare ai confronti politici fornendo alle organizzazioni di parte – dietro le quali milita – analisi che differiscano dalla «doxa dominante». Il gruppo degli Economisti Sgomenti trasmette dunque agli organismi della cosiddetta sinistra «critica» argomentazioni che i loro dirigenti e militanti potranno utilizzare negli scontri con gli avversari.

Non contestiamo a nessuno il diritto di sostenere delle opinioni e di impegnarsi nel confronto politico per promuoverle. Ciò che denunciamo è la *strategia* messa in atto a tal fine: quella del *negazionismo scientifico*. La sua principale caratteristica consiste nell'affermare che i ricercatori i cui risultati non siano in accordo con le proposte della sinistra «critica» sono i promotori di un «pensiero unico» al servizio degli interessi dei «potenti» (ossia «la finanza internazionale»). La scienza «ufficiale», «ortodossa» o *mainstream* ammetterebbe un unico paradigma fondato sul primato della razionalità individuale, sulla fede nell'autoregolamentazione dei mercati e nella loro efficienza.

Tale strategia ha funzionato egregiamente. Un'ampia fetta dell'opinione pubblica e dei mass media ha finito per credere che esistessero effettivamente due maniere di fare economia: quella degli Economisti Sgomenti e di altri eterodossi, umana, sociale, vicina alla realtà della gente, e quella degli ortodossi, fredda, matematizzata, astratta e soggetta alle esigenze della finanza. Tale presunta frattura radicale è una favola utile alla retorica eterodossa, ma è priva di qualsiasi fondamento. Il numero di studi pubblicati sulle riviste economiche *mainstream* che criticano la razionalità individuale, l'autoregolamentazione dei mercati o la loro efficienza è davvero esorbitante. La regolamentazione dei mercati è il principio fondamentale della scienza economica: Jean Tirole è persino stato insignito del premio Nobel per i suoi lavori in tale ambito.

In quasi ogni capitolo del nostro libro forniamo numerosi esempi per dimostrare che la scienza economica non poggia su alcun dogma. La messinscena di una divisione «scientifica» tra presunti ortodossi e sedicenti eterodossi non è altro che un'arma strategica sul fronte degli scontri politici. Gli eterodossi sono militanti o simpatizzanti della sinistra «critica» e vogliono far credere che gli altri economisti si collochino nel campo opposto, costituito da tutte le varianti del liberismo. Questa frattura non ha alcun senso nell'attuale sviluppo della scienza economica. Far credere che soltanto gli «eterodossi» abbiano uno sguardo critico sulla loro professione è un imbroglio che ostacola qualunque dibattito sereno e informato su un gran numero di questioni essenziali per il nostro avvenire. È ciò che intende dimostrare il nostro lavoro. E sicuramente è per tale motivo che ha dato così tanto fastidio.

La politica

Nel capitolo 7 di questo libro richiamiamo l'attenzione sulle possibili contraddizioni tra l'attività di ricerca di uno scienziato e i suoi impegni di parte. Ricordiamo l'avvertimento che Max Weber lancia nella sua opera *Il lavoro intellettuale come professione*: «Dal momento in cui l'uomo di scienza esprime il suo giudizio di valore, cessa la piena comprensione dei fatti»[8]. La campagna per l'elezione presidenziale del 2017 ha perfettamente illustrato tale ammonimento.

Taluni famosi economisti, etichettati per lo più come «ortodossi», hanno sostenuto apertamente Emmanuel Macron in un articolo pubblicato alcuni giorni prima del turno iniziale delle elezioni presidenziali[9]. È dubbio che essi abbiano in tal modo favorito, come temeva Max Weber, una «piena comprensione dei fatti». Benché l'articolo precisasse chiaramente che gli autori non condividevano necessariamente tutte le proposte del candidato, l'opinione pubblica non si sofferma su questo genere di precauzione, ma ritiene che si tratti né più né meno che di un impegno *unilaterale* a favore di un candidato. In articoli di questo tipo il grande pubblico intravede piuttosto l'espressione di un intervento di parte, analogamente a quello di un gruppo di artisti o di sportivi famosi. Per quanto ci riguarda, ci è sempre sembrato più efficace commentare gli effetti di una *determinata misura* alla luce degli insegnamenti dell'analisi economica... e se possibile al di fuori dei periodi elettorali. A ogni modo, gli economisti che hanno sostenuto Emmanuel Macron lo hanno fatto a titolo personale e non hanno mai preteso di essere i portavoce di un gruppo ben preciso.

Non è stato così per gli Economisti Sgomenti che hanno pubblicato una risposta all'articolo dei sostenitori di Emmanuel Macron[10] firmandosi «Il Gruppo degli Economisti Sgomenti». In sostanza, questa risposta richiama un tratto classico della campagna elettorale in cui *tutte* le misure del programma di Emmanuel Macron sono sistematicamente messe alla gogna senza che nessuna incontri il loro favore. Ma la forma ci sembra più importante della sostanza. Il fatto che tale articolo abbia una firma *collettiva*, e non di alcune persone ben precise, rivela il suo vero obiettivo. Significa che il Gruppo degli Economisti Sgomenti agisce come un gruppo fazioso che prende posizione *contro* Emmanuel Macron. Quest'ultimo è senza dubbio il bersaglio privilegiato degli Economisti Sgomenti – e più in generale di un buon numero di economisti che si dichiarano «eterodossi» – probabilmente perché colui che si apprestava a divenire presidente della Repubblica era percepito come il più «liberale» fra tutti i candidati, quando invece non era il «candidato del sistema bancario». È stato di gran lunga più attaccato di François Fillon o Marine Le Pen. Il programma di quest'ultima non ha avuto diritto a una critica firmata dal Gruppo degli Economisti Sgomenti[11]. Per il secondo turno delle elezioni presidenziali il Gruppo non ha invitato a votare Emmanuel Macron, ma neppure a ostacolare Marine Le Pen.

D'altronde, alcuni Economisti Sgomenti o più in generale autodichiaratisi eterodossi si sono impegnati a favore di taluni candidati schierati a sinistra o all'estrema sinistra. In particolare, molti di loro hanno firmato un appello in appoggio a Jean-Luc Mélenchon pubblicato sul quotidiano *Libération* il 18 aprile 2017. È interessante notare che tale appello fa proprie alcune soluzioni «negazioniste» che denunciamo nel nostro libro, come l'aumento dello Smic (acronimo di *salaire minimum interprofessionnel de croissance*, il salario minimo francese) o la riduzione dell'orario di lavoro per la creazione di occupazione in Francia. È altrettanto interessante osservare che venticinque premi Nobel per l'economia, tra cui Joseph Stiglitz e Jean Tirole, hanno ricordato in un articolo del giornale *Le Monde*, datato sempre 18 aprile, che il consenso degli economisti era chiaramente a favore del mantenimento della Francia nell'area euro. Ciò induce a leggere nell'appello degli economisti in appoggio a Jean-Luc Mélenchon che l'abbandono dell'euro è un'opzione perfettamente auspicabile. Di nuovo un bell'esempio di negazionismo economico.

Scelte sociali e consenso scientifico

Credere che le differenze tra sinistra e destra siano intimamente legate a concezioni diverse del funzionamento dell'economia è un errore. In tale ambito esistono conoscenze consolidate che non possono essere cancellate dalle preferenze di partito o dall'ideologia. Le differenze tra destra e sinistra dipendono da scelte sociali contrapposte. Il dibattito politico deve riguardare tali scelte, non le conoscenze consolidate. Queste ultime hanno senz'altro registrato un incredibile sviluppo nell'ultimo ventennio, in particolare grazie alla diffusione generalizzata dei metodi sperimentali, ma ciò non significa che il principio thatcheriano del TINA – There Is No Alternative – si imponga ineluttabilmente. Qualsiasi volontà di cambiamento si ritrova limitata dalle conoscenze consolidate. Per esempio, la riduzione delle disuguaglianze di reddito rientra nelle scelte sociali. Ma in Francia aumentare il salario minimo non è il mezzo giusto per realizzarla, e ciò fa parte delle conoscenze consolidate.

Ma perché è così complicato accordarsi su un consenso fattuale? Le ricerche in ambito psicologico e nelle neuroscienze ci insegnano che la conoscenza del consenso raggiunto dai ricercatori ha spesso poco peso nei dibattiti politici. È molto più importante sapere se tale consenso pone colui che lo condivide in una posizione precaria rispetto al suo schieramento politico. Dan Kahan, professore di diritto e psicologia all'Università di Yale, ha constatato che un elettore repubblicano ha molte più probabilità di essere climato-scettico se è provvisto di una buona cultura scientifica! Per gli elettori democratici vale il contrario[12]. In questo caso la spiegazione sta in un meccanismo quasi evoluzionista: è meglio negare la realtà che correre il rischio di essere rifiutato dal proprio schieramento politico, spesso assunto come un tratto costitutivo della personalità in grado di avere la meglio sulle informazioni oggettive in nostro possesso. Le ricerche più rigorose dimostrano che praticamente l'immigrazione non ha alcuna influenza sul livello generale di disoccupazione, e inoltre che la riduzione dell'orario di lavoro non crea impieghi. Per molti, una persona di sinistra deve accogliere la prima conclusione e rifiutare la seconda, e dovrebbe valere esattamente il contrario per una persona di destra (*a fortiori*)! Il punto cruciale è questo: la riduzione dell'orario non crea occupazione se il datore di lavoro è di sinistra mentre la distrugge se è di destra.

Non voler distinguere, deliberatamente, le conoscenze comprovate sul funzionamento del sistema economico dalle scelte sociali induce a prendere cattive decisioni e alimenta le situazioni estreme, di sinistra così come di destra. Nonostante tutti gli ostacoli che lo minacciano (manipolazioni, frodi, conflitti di interesse...), l'approccio scientifico resta la miglior difesa contro la proliferazione di convinzioni infondate. Spetta in primo luogo ai ricercatori nel campo delle scienze umane e, più in generale, agli intellettuali la responsabilità di promuovere tale approccio e i suoi risultati. Questo dovere compete altresì ai politici. Il consenso scientifico è uguale per tutti. L'impegno nel dibattito pubblico è estremamente onorevole ma non dovrebbe indurre a ignorare conoscenze consolidate. La Brexit e l'elezione di Donald Trump dimostrano che una strategia populista, basata sulla negazione sistematica dei dati di fatto e sulla denigrazione di chi li riconosce, può essere vantaggiosa per vincere le elezioni. Ma la storia ci insegna anche che la negazione della realtà finisce sempre per produrre risultati catastrofici, soprattutto per i più poveri.

La «rivoluzione sperimentale» e i suoi limiti

Un rimprovero ricorrente che ci è stato rivolto è di aver sostenuto che l'economia sarebbe ormai una scienza «esatta». Nel nostro saggio non si troverà un'affermazione di questo tipo e chi l'ha riportata senza prestare attenzione – compresi alcuni colleghi a priori molto illustri – semplicemente non ha letto il libro o deforma intenzionalmente il nostro proposito[13]. In realtà, ci adoperiamo per dimostrare che l'analisi economica attraversa da oltre vent'anni una «rivoluzione sperimentale». Tale rivoluzione riguarda il modo di valutare gli effetti dei cambiamenti dell'ambiente economico, in particolare quando sono il risultato di modifiche delle politiche economiche. L'economia non è pertanto divenuta una scienza *esatta*, ma è sempre più, e in settori fondamentali, una scienza *sperimentale* che tenta di stabilire dei rapporti di causa-effetto. Essa mette dunque a confronto l'andamento di gruppi campione – il cui ambiente ha subito dei cambiamenti – con quello di gruppi di controllo – che non ne hanno registrati. In linea di principio questo metodo non differisce affatto da quello attualmente utilizzato in medicina o biologia. La sua importanza è oggi universalmente riconosciuta dagli economisti di tutto il mondo.

Naturalmente l'analisi economica non si esaurisce in questo approccio sperimentale. Si compone anche di studi storici, indagini quantitative o qualitative e analisi teoriche che devono continuare a farne parte. Nel trattamento dei dati non rifiutiamo in alcun modo gli insegnamenti della simulazione, che è un complemento indispensabile dell'approccio sperimentale, in particolare per analizzare la validità dei risultati degli esperimenti al di fuori dei loro contesti necessariamente ristretti (è la questione della validità *esterna* degli esperimenti). Tutti i metodi, nel momento in cui sono adattati al problema trattato, hanno una propria rilevanza. Il nostro saggio sottolinea che l'approccio sperimentale in economia, aspetto sconosciuto al grande pubblico, è diventato indispensabile e perviene a risultati pertinenti. Tuttavia, «pertinenti» non equivale a Vangelo. Tutti gli economisti che utilizzano tali metodi sono coscienti dei loro limiti.

Questi limiti sono differenti a seconda che si tratti di esperimenti «naturali» o «controllati». Gli esperimenti «naturali» si basano su eventi che si sono realmente verificati. Presentano quindi il vantaggio di prendere in considerazione i dati dell'economia *reale*, valori cioè che non sono ricavati da esperimenti di laboratorio. Gli esperimenti «naturali» raffrontano gruppi di persone o aziende che hanno subito determinati eventi nella vita «vera» con gruppi che non ne hanno vissuti. Nel capitolo 6 riferiamo per esempio di un famoso studio sugli effetti dell'immigrazione sui livelli occupazionali, che compara la situazione della città di Miami, toccata sensibilmente dall'esodo cubano nel 1980 – il gruppo campione – con quella di altre città americane che non sono state influenzate da tale ondata migratoria – il gruppo di controllo. I risultati degli esperimenti naturali sono sempre di difficile interpretazione poiché, a prescindere dall'attenzione prestata dai ricercatori per essere il «più possibile precisi», le caratteristiche dei due gruppi non sono mai identiche e non si può escludere che alcuni fattori nascosti siano le vere cause di eventuali differenze tra l'evoluzione del gruppo di controllo e quella del gruppo campione (differenze che invece sarebbero erroneamente attribuite all'impatto dell'immigrazione).

Gli esperimenti «controllati» sono di natura differente. Si basano su situazioni *create* dall'economista e sono dunque simili a degli esperimenti di laboratorio. Per esempio, per valutare un programma di supporto alla ricerca di impiego, l'economista estrae a sorte – nella popolazione dei disoccupati idonei a tale programma – un gruppo che ne beneficerà e un altro che ne sarà escluso. L'estrazione a sorte garantisce che, in media, le eventuali differenze tra i percorsi professionali dei due gruppi siano effettivamente dovute al programma di sostegno. Gli esperimenti controllati consentono quindi di rilevare dei rapporti di causa-effetto.

Eppure, l'individuazione di nessi causali, a prescindere dal fatto che avvenga tramite esperimenti naturali o controllati, offre solo un chiarimento parziale. I risultati di tali esperimenti non possono essere generalizzati attraverso l'applicazione incauta a contesti differenti. Nulla dunque garantisce che l'impatto dell'immigrazione nel sud degli Stati Uniti sia lo stesso nel Centro Europa o nel Sud-Est asiatico. Il solo modo di ovviare a tali inconvenienti consiste nel moltiplicare gli studi basati su esperimenti in contesti (geografici, economici, culturali) differenti. È ciò che è stato fatto per l'analisi delle conseguenze dell'immigrazione.

La generalizzazione dei risultati può inoltre dipendere dalle dimensioni della popolazione interessata. Un esperimento in grado di dimostrare che un programma di supporto rivolto a un gruppo di disoccupati aumenta le loro possibilità di ritorno all'occupazione non consente perciò di affermare che tale risultato sarebbe ancora valido se il programma fosse generalizzato all'insieme dei disoccupati idonei. All'effetto diretto positivo della misura potrebbe aggiungersi un effetto indiretto negativo legato alla concorrenza tra i disoccupati beneficiari, che ritarderebbe il reinserimento professionale per alcuni di loro. Inoltre, la situazione dei disoccupati non idonei al programma di supporto potrebbe peggiorare. Tutti questi effetti, detti «di equilibrio generale», potrebbero sicuramente fare in modo che il risultato finale del programma sia molto differente da quello evidenziato da un esperimento controllato, realizzato localmente.

Per capire se questi effetti di equilibrio generale siano rilevanti o trascurabili è spesso necessario tornare alla teoria. Si riassumono allora i comportamenti dei partecipanti e le loro interazioni tramite un modello al quale vengono sottoposti tutti i dati ritenuti pertinenti; si osserva poi in quale misura le conclusioni fornite da tale esercizio confermano quelle tratte dagli esperimenti controllati. Tale approccio fornisce un chiarimento complementare molto utile, che deve però essere relativizzato in quanto ogni modello si basa su ipotesi la cui solidità non è sempre comprovata.

Un approccio più promettente, ma ancora poco sviluppato, consiste nel condurre degli esperimenti controllati «su vasta scala». L'idea è di mobilitare dei gruppi campione e di controllo di grandi dimensioni, suddivisi in ampi insiemi (per lo più geografici), in modo che gli effetti di equilibrio generale si manifestino in seno a ciascuno di essi[14]. Come tutte le discipline scientifiche, empiriche, l'analisi economica progredisce. Elabora conoscenze ancorate su dati sempre più ricchi, e questo a sua volta determina un rapido e costante rinnovamento dei suoi metodi[15]. Le opinioni prive di fondamento, come i discorsi oscurantisti, hanno sempre meno spazio, e questo è solo un bene.

Note

[1] Il titolo originale della presente opera è: *Le négationnisme économique. Et comment s'en débarrasser* [*N.d.R.*].

[2] Eric Zemmour, intellettuale, giornalista e saggista francese, noto per le sue posizioni conservatrici estreme che gli sono valse anche una condanna per islamofobia e incitazione all'odio, è autore di pamphlet polemici tra cui *Le Suicide français* (Paris, Albin Michel, 2014) in cui sostiene per esempio che la riduzione dei salari francesi dipende dall'immigrazione [*N.d.T.*].

[3] Si veda *Manifeste d'économistes atterrés*, Paris, Les liens qui libèrent, 2010 (trad. it. *Manifesto degli economisti sgomenti. Capire e superare la crisi*, Roma, Minimum fax, 2012) [*N.d.T.*].

[4] Si vedano Robert Proctor, *Agnotology. The Making and Unmaking of Ignorance*, Stanford, Stanford University Press, 2008, e Mathias Girel, «Agnotologie: mode d'emploi», *Critique*, vol. n. 799, 31 dicembre 2013, pp. 964-977.

[5] Paris, Flammarion, 2016 (pubblicato la prima volta con il titolo *Un autre monde est possible*, Paris, Flammarion, 2015).

[6] Albert Camus, *L'Homme révolté*, in *Œuvres complètes*, t. I, Paris, Gallimard, 1951, p. 908 (trad. it. *L'uomo in rivolta*, Milano, Bompiani, 1976).

[7] Si veda nota 1.

[8] Max Weber, *Le Savant et le politique* (1919), Paris, Union Général d'Editions, 1963, p. 19 (il volume comprende il testo delle due conferenze *Politik als Beruf* e *Wissenschaft als Beruf* – *La scienza come professione* e *La politica come professione* – che Max Weber tenne a Monaco rispettivamente nel novembre 1917 e nel gennaio 1919; trad. it. *Il lavoro intellettuale come professione*, Torino, Einaudi, 1948).

[9] In particolare, quaranta economisti hanno firmato un articolo intitolato «L'appel de quarante économistes: Pourquoi nous soutenons Emmanuel Macron», pubblicato su *Le Monde de l'économie* il 12 aprile 2017.

[10] Pubblicata sul quotidiano *Le Monde* il 18 aprile 2017. È possibile leggere la risposta «Macron, en marche avec la science économique? La réponse des Atterrés aux 40 économistes qui soutiennent Emmanuel Macron», datata 19 aprile 2017, sul sito degli Economisti Sgomenti http://www.atterres.org.

[11] Sul sito degli Economisti Sgomenti si può trovare un articolo («Front national: un programme économique et social incohérent et xénophobe») firmato da Anne Eydoux e Sabina Issehnane, datato 30 marzo 2017, in cui viene denunciato il «software neoliberale» del FN il cui programma sarebbe «innanzitutto al servizio del patronato e dei benestanti». Si tratta di un giudizio per lo meno originale nei confronti della campagna molto «statalista» condotta da Marine Le Pen.

[12] Si veda Dan M. Kahan, «Climate-Science Communication and the Measurement Problem», *Advances in Political Psychology*, 2015.

[13] Sul settimanale *L'Obs* del 6 ottobre 2016, Daniel Cohen scrive una recensione poco simpatica del nostro libro intitolata «L'économie n'est pas une science exacte», affermando in modo saccente che «tale questione estremamente speculativa è tornata alla ribalta sulla scia di un saggio dal titolo nauseabondo».

[14] Uno studio di questo tipo è stato realizzato su tutto il territorio francese per un programma di supporto alla ricerca di lavoro destinato agli studenti che hanno abbandonato precocemente l'università: Bruno Crépon, Esther Duflo, Marc Gurgand, Roland Rathelot, Philippe Zamora, «Do Labor Market Policies Have Displacement Effects: Evidence from a Clustered Randomized Experiment», *Quarterly Journal of Economics*, 128(2), 2013, pp. 531-580. Un panorama molto completo dei vantaggi e dei limiti degli esperimenti controllati per la valutazione delle scelte di politica economica in materia di occupazione si trova nel libro di Bruno Crépon e Gérard Van den Berg, *Politiques de l'emploi: apprendre de l'expérience*, Paris, Presses de Sciences Po, 2017.

[15] Si veda per esempio «Symposium: Recent ideas in Econometrics», *Journal of Economic Perspective*, Spring, 2017, pp. 3-144.

INTRODUZIONE

Il fumo uccide. Oggi, praticamente nessuno lo mette più in dubbio. Secondo una stima dell'Organizzazione mondiale della sanità (OMS), nel XX secolo oltre 100 milioni di persone sono morte a causa del fumo. Tuttavia, la sua nocività è stata a lungo ignorata, per delle buone ma anche pessime ragioni[1]. A partire dagli anni Trenta, alcuni scienziati tedeschi hanno dimostrato che fumare provocava il cancro al polmone. I nazisti si sono impadroniti di questa scoperta per condurre delle campagne antitabacco tinte di eugenetica. Hitler vietava di fumare in sua presenza! Tale scoperta, screditata dal suo riutilizzo da parte dei nazisti, è poi caduta nell'oblio per un certo periodo. È solo nel 1953 che, in un articolo intitolato «Le cancer de la cartouche» («Il cancro nella stecca»), il *New York Times* ha rivelato un esperimento che dimostrava che il catrame delle sigarette provocava un cancro mortale nei topi[2]. La fiorente industria del tabacco, preoccupata dalla risonanza mediatica di tale rivelazione, temeva un crollo delle vendite. Elaborò allora un piano di comunicazione di cui veniva descritta la logica in una nota interna: «Ciò che dobbiamo produrre è il dubbio, che è il mezzo migliore per competere con l'insieme dei fatti noti all'opinione pubblica. Il pubblico è concorde nel ritenere che le sigarette siano, in un certo modo, nocive alla salute... Il dubbio è anche il limite del nostro prodotto. Purtroppo non possiamo assumere una posizione che si opponga direttamente alle forze anti-tabacco e dire che il fumo fa bene alla salute. Non abbiamo a disposizione informazioni in grado di suffragare tale affermazione». In altri termini, a partire dagli anni Cinquanta, l'industria del tabacco era consapevole di produrre del veleno, ma per continuare a venderlo decise di fabbricare qualcosa di altrettanto pericoloso: il dubbio nei confronti dei fatti accertati.

Questo negazionismo[3] fu molto efficace. Per instillare il dubbio, l'industria del tabacco condannava il «pensiero dominante» veicolato dagli articoli pubblicati sulle riviste scientifiche. Tali pubblicazioni però hanno la particolarità di essere vagliate dai migliori specialisti del settore. Questa procedura è uno dei fondamenti dell'approccio scientifico e consente di scartare i contributi incoerenti o non abbastanza corroborati dai fatti. In ogni caso, l'industria del tabacco affermava che questo approccio aveva il principale obiettivo di reprimere qualsiasi dissenso e in tal modo si faceva baluardo contro il «pensiero unico»! A suo parere i ricercatori che puntavano il dito contro i pericoli del fumo ordivano in realtà un complotto per rovinare l'economia americana e ridurre le libertà individuali, e non erano altro che degli agenti o dei complici del comunismo internazionale. L'industria del tabacco li screditava affermando che erano incapaci di spiegare il motivo per cui delle persone che avevano fumato sin dalla loro più tenera infanzia potevano arrivare a vivere ottant'anni, tralasciando deliberatamente che gli studi avevano «soltanto» messo in evidenza, per i fumatori, il sensibile aumento del *rischio* di sviluppare malattie gravi. L'industria del tabacco pagava degli esperti, creava e finanziava centri di pseudo-ricerca per produrre pseudoscienza che sosteneva che le sigarette non erano davvero nocive. Al colmo del cinismo, ha attaccato l'Organizzazione mondiale della sanità, mobilitando piccoli produttori di tabacco nei paesi in via di sviluppo per rafforzare la propria immagine di industria etica e responsabile.

Negli anni Novanta, 46 Stati americani hanno intentato azioni legali per tali comportamenti. L'industria del tabacco ha accettato di pagare danni per oltre 240 miliardi di dollari per mettervi fine. Sono seguiti molti altri procedimenti e condanne. Nel frattempo il negazionismo scientifico ampiamente diffuso dall'industria del tabacco ha fatto milioni di morti.

L'utilizzo del termine «negazionismo» per descrivere le azioni degli industriali del tabacco può sembrare esagerato, se non addirittura fuori luogo. Ma non è affatto così. Il vocabolo rimanda alla negazione del genocidio perpetrato dai nazisti nei confronti degli ebrei durante la seconda guerra mondiale. È stato inoltre utilizzato a proposito della negazione del genocidio armeno da parte delle autorità ottomane durante la prima guerra mondiale. In un caso così come nell'altro, si tratta di una negazione dei fatti e delle conoscenze ampiamente documentate dagli storici. Quando in gioco è un campo del sapere in cui la conoscenza si basa su fondamenti scientifici, nella fattispecie quello della medicina per i rischi del fumo, è perfettamente appropriato parlare di «negazionismo scientifico».

I negazionisti del sapere scientifico hanno diverse motivazioni. Possono essere attirati dalla generosità di potenti lobby, agire sotto l'influenza dell'ideologia o della fede, ambire a una notorietà mediatica o semplicemente desiderano distinguersi. Gli esempi abbondano. A partire dai creazionisti che, proprio come Sarah Palin, candidata alla carica di vice-presidente degli Stati Uniti nel 2008, affermano che quattromila anni fa sul nostro pianeta i dinosauri coabitavano con gli uomini, nonostante tutte le prove della loro scomparsa avvenuta da oltre sessantacinque milioni di anni. L'ex presidente sudafricano Thabo Mbeki ha impedito a migliaia di persone sieropositive l'accesso ai trattamenti antiretrovirali sostenendo che non esistesse alcun legame tra il virus HIV e la malattia dell'AIDS: sospettava un complotto da parte delle grandi aziende farmaceutiche occidentali con la finalità di vendere i loro cosiddetti trattamenti. E raccomandava di curarsi con le piante, l'aglio e il limone. È stato stimato che tra il 2000 e il 2005 questo negazionismo medico sia stato responsabile della morte di 365.000 persone[4]. Naturalmente non possiamo poi dimenticare i climato-scettici che, controcorrente rispetto all'opinione unanime dei climatologi di tutto il mondo riuniti in seno al GIEC, mettono in dubbio la responsabilità delle attività umane nel riscaldamento climatico. Claude Allègre, ex ministro dell'Istruzione di Lionel Jospin, è uno dei loro più famosi esponenti. Un giorno, in un accesso di collera, Cécile Duflot, allora segretario nazionale del partito ecologista dei Verdi francesi, gli diede del «negazionista climatico»[5]. La Duflot ritirò la propria affermazione pensando che potesse essere sembrata offensiva. Invece non avrebbe dovuto ritrattare: i climato-scettici sono effettivamente dei negazionisti climatici.

In realtà il negazionismo logora tutte le discipline: la storia, la biologia, la medicina, la fisica, la climatologia... Nessun campo è risparmiato. Compresa l'economia, che probabilmente è addirittura quella esposta al negazionismo più virulento. Non c'è da stupirsi: in economia le implicazioni finanziarie sono più importanti che altrove, e i mass media si occupano continuamente di attualità economica. Il negazionismo economico può dunque fruttare molto. Ma le sue conseguenze sono devastanti. Su scala planetaria le politiche basate su idee sbagliate si traducono in milioni di disoccupati, altrettante vittime e nell'impoverimento di centinaia di milioni di persone. Non sono solo le menzogne sugli effetti del fumo a provocare devastazioni. Il negazionismo economico è un flagello che va combattuto.

Tuttavia, si può parlare davvero di negazionismo a proposito dell'economia? Per l'opinione pubblica, un gran numero di intellettuali e giornalisti, e anche per taluni economisti «dissidenti» o «eterodossi», l'economia non sarebbe una disciplina «scientifica» come la fisica, la biologia, la medicina o la climatologia. Secondo loro l'analisi economica si ridurrebbe ad arguzie teoriche, il più delle volte inutilmente formalizzate in formule matematiche e scollegate dalla realtà.

Si tratta di un errore di valutazione. Contrariamente a un'opinione troppo diffusa, non è l'argomento trattato a consentire di definire o meno scientifica una disciplina[6]. Il fatto che l'astronomia si occupi del movimento dei pianeti e l'economia del futuro degli esseri umani non significa che la prima sia scientifica e la seconda no. Non è l'oggetto analizzato a essere rilevante ma il *metodo* utilizzato per convalidare i risultati che differenzia il sapere scientifico dalle altre forme di conoscenza. In tal senso, l'analisi economica è da tempo una «scienza» come le altre. I suoi metodi di convalida, ovvero il modo di accettare o rifiutare una conclusione, sono simili a quelli delle altre discipline. Ma soprattutto, da oltre trent'anni, grazie all'accesso a immensi database, a un incremento della capacità di trattamento dei dati e a un profondo rinnovamento metodologico, l'economia è diventata una scienza *sperimentale* nel vero senso della parola.

Come qualsiasi disciplina di questo tipo, l'analisi economica contemporanea cerca di individuare *legami di causa-effetto*. Non si accontenta più di mettere a confronto punti di vista per mezzo di alcuni dati più o meno pertinenti (versione *soft*) o di fare simulazioni utilizzando modelli matematici più o meno sofisticati (versione *hard*). Esattamente come la ricerca medica, l'economia si adopera per costruire *protocolli sperimentali* che consentano di individuare le *cause* dei fenomeni osservati. Per conoscere l'efficacia di un vaccino o di un farmaco la ricerca medica confronta gli effetti in seno a un «gruppo campione» al quale è stato somministrato il medicinale con quelli di un «gruppo di controllo» che non ha subito alcun trattamento (o a cui era stato somministrato un placebo). Questo è il protocollo sperimentale standard utilizzato per sapere se esiste un legame di causalità tra una procedura medica e gli effetti osservati.

Oggi, l'analisi economica procede allo *stesso* modo. Per sapere se la deregolamentazione finanziaria favorisce la crescita, se il costo del lavoro ha un impatto sull'occupazione, se l'immigrazione crea disoccupazione, se la spesa pubblica stimola l'attività o se l'aumento delle imposte ne determina un rallentamento e più in generale per qualsiasi questione per cui si ricerchi un legame di causa-effetto, l'analisi economica confronta dei gruppi campione in seno ai quali sono state messe in atto tali misure con dei gruppi di controllo in cui esse erano assenti. Conviene ripeterlo: l'economia è diventata una scienza *sperimentale* nel vero senso della parola.

Tale rivoluzione sperimentale, ampiamente sconosciuta, ha prodotto conoscenze su un numero elevato di argomenti. Spesso queste conoscenze si scontrano apertamente con le opinioni o gli interessi di partiti politici, ma anche di sindacalisti, imprenditori, autorità religiose, associazioni professionali, intellettuali, accademici... E molti di loro, come gli industriali del tabacco, hanno reagito sviluppando una retorica negazionista, insinuando il dubbio sulle conoscenze più consolidate per tentare di sostituirle con imposture oscurantiste.

Come ogni retorica, quella dei negazionisti dell'economia poggia su tre pilastri.

Innanzitutto, l'*ethos*, ovvero la qualità di chi si esprime, che deve essere competente e ostentare valori morali irreprensibili. Egli è il difensore del bene comune, dei deboli e degli oppressi, anche se gli argomenti «scientifici» nel vero senso del termine non abbondano. Emergono due figure: l'intellettuale impegnato, benevolo, magnanimo, disinteressato, ma nondimeno mediatizzato, e il grande imprenditore che conosce la realtà economica, crea ricchezza e occupazione. La prima parte di questo libro dimostra come queste due figure utilizzino le proprie autorità «morali» per denigrare la conoscenza economica più consolidata. Molti intellettuali impegnati, come Pierre Bourdieu ieri o Michel Onfray oggi, hanno una concezione fantasmagorica dell'analisi economica. Rifiutano di prestarvi un reale interesse, persuasi che sia esclusivamente al servizio della causa delle classi dominanti. Sostengono di difendere i deboli e gli oppressi, ma lottano contro misure che potrebbero migliorare le loro condizioni. Il grande imprenditore, l'altra figura importante dell'*ethos*, afferma di creare ricchezza e occupazione, ma occasionalmente può anche opporsi a qualsiasi misura capace di ridurre i suoi profitti, molto spesso a spese dei consumatori e dell'occupazione, utilizzando la retorica negazionista. Grandi imprenditori, appartenenti soprattutto al settore industriale, riescono a «dimostrare» alle autorità pubbliche i meriti di una politica industriale di cui lo Stato sarebbe lo stratega... e loro i beneficiari. Si difendono con ogni mezzo dalla concorrenza e tutelano i propri interessi a scapito della crescita e dell'occupazione.

Il secondo pilastro è la designazione di capri espiatori. In economia, ve ne sono due emblematici: da un lato la finanza, che si ingozza a spese dei cittadini onesti; dall'altro lo Stato, che spenna il contribuente. Individuare dei capri espiatori significa stimolare il *pathos*, facendo leva sui sentimenti. Questo *pathos*, che è l'argomento della seconda parte del libro, ha evidentemente l'obiettivo di instillare l'idea che l'attività di tali capri espiatori è nociva. La maggior parte degli uomini politici, compresi tutti i presidenti della V Repubblica in periodo elettorale, dimostrano un'ostilità sconfinata al sistema finanziario, soprattutto se a esso viene affiancato l'aggettivo «internazionale». Lo stesso può dirsi per gli economisti «eterodossi», ma anche per Papa Francesco. Vedremo che l'analisi economica si oppone a tale visione: la finanza è utile, anche parecchio, ma, come numerosi altri settori, necessita di un'adeguata regolamentazione. La medesima conclusione è applicabile allo Stato e al suo sistema fiscale.

Il terzo pilastro è il verbo, il *logos*, ossia l'arte di costruire il ragionamento. Il discorso negazionista assume sistematicamente la forma di un ragionamento logico, perfettamente strutturato, in grado di rispondere a tutte le possibili obiezioni. In economia, per molto tempo il discorso marxista ha occupato questo spazio, che oggi è strutturato sulla base di una filiazione keynesiana nella sua versione ottimista, o sulla falsariga delle predizioni catastrofiche di Malthus nella sua versione pessimista. Per i keynesiani le crisi economiche si risolvono molto semplicemente: basta far crescere la domanda tramite la spesa pubblica e tassi di interesse contenuti. Ricerche recenti dimostrano che le soluzioni keynesiane talvolta funzionano, ma non sistematicamente: la loro gestione richiede grande diplomazia e circostanze favorevoli.

Il discorso malthusiano annuncia al contrario crisi economiche ricorrenti che determinano la perdita ineluttabile di posti di lavoro e un impoverimento della manodopera. In contrasto con tutti i risultati accumulati dall'analisi economica nel corso di diversi decenni, tale discorso auspica la riduzione dell'immigrazione e la condivisione del lavoro come soluzione. Questa visione dell'immigrazione è oggi condivisa principalmente dal Front National, ma era propria anche del partito comunista francese negli anni Ottanta. L'idea che occorra ridurre l'orario di lavoro per una ripartizione degli impieghi persiste, soprattutto a sinistra dello scacchiere politico. La Confédération générale du travail auspicherebbe la settimana di 32 ore.

Il negazionismo economico prospera poggiandosi su questi tre pilastri. E i suoi successi sono purtroppo incontestabili. Questo libro smaschera le menzogne, dimostrando in che modo la rivoluzione sperimentale fornisce conoscenze indispensabili per decifrare il mondo di oggi e per non lasciarsi ingannare dall'oscurantismo e dalla demagogia.

Ma non è facile reperire le conoscenze che derivano dall'approccio scientifico in mezzo ai numerosi discorsi contraddittori che ci vengono propinati. Pullulano gli «esperti» di qualsiasi settore, motivati dall'interesse personale o dall'ideologia. Inutile contare su di loro. I mass media, rigorosi nel garantire l'equilibrio dei punti di vista, non sempre ci aiutano. Ne è la prova la forte risonanza che i climato-scettici hanno avuto per diversi anni dopo che la comunità scientifica ha stabilito l'impatto dell'attività umana sul clima. Tuttavia, esistono dei principi da rispettare per non cadere nelle insidie del negazionismo. L'ultimo capitolo li individua offrendo delle *istruzioni* a uso di chi intenda smascherare gli impostori. Le favole ci rassicurano, ma è la conoscenza a darci le chiavi per comprendere. Però, dobbiamo innanzitutto saperla riconoscere per agire di conseguenza.

Note

[1] Si veda il libro di Naomi Oreskes, Erik Conway, *Merchants of Doubt. How a Handful of Scientists Obscured the Truth on Issues from Tobacco Smoke to Global Warming*, New York, Bloomsbury, 2011.

[2] Ernest Ludwig Wynder, «Experimental Production of Carcinoma with Cigarette Tar», *Cancer Research*, 13 dicembre 1953.

[3] Robert Proctor, professore all'Università di Stanford (California), etichetta come «negazionismo scientifico» la strategia dell'industria del tabacco nel libro *Golden Holocaust. Origins of the Cigarette Catastrophe and the Case for Abolition*, Berkeley, University of California Press, 2011.

[4] Su questo argomento si veda il capitolo 4 del libro di Michael Specter, *Denialism. How Irrational Thinking Hinders Scientific Progress, Harms the Planet, and Threatens Our Lives*, London, Duckworth Overlook, 2010.

[5] Nel corso di un'intervista realizzata da Jean-Pierre Elkabbach su *Europe 1* il 15 novembre 2009.

[6] Su questo argomento, si veda per esempio il manuale di introduzione all'epistemologia di Alan F. Chalmers, *What is This Thing Called Science?*, Milton Keynes, Open University Press, 1978 (trad. it. *Che cos'è questa scienza?*, Milano, A. Mondadori, 1979).

Capitolo 1

I FALSI SAPIENTI

Nel 1929, Trofim Denisovič Lysenko non è che un modesto agronomo, alle dipendenze dello Stato sovietico sul quale Stalin governa indiscusso. Quell'anno, si fa conoscere dalle autorità vantando i meriti dei propri esperimenti di «vernalizzazione» condotti nel periodo compreso tra il 1926 e il 1928. La vernalizzazione consiste nel seminare in primavera, anziché in autunno, dei cereali invernali esposti in precedenza a basse temperature. Lysenko pretende, indebitamente, di essere l'inventore di tale tecnica a cui attribuisce effetti mirabolanti sul rendimento dei terreni agricoli. Nessuno ha avuto davvero accesso ai risultati dei suoi esperimenti, ma gli specialisti sono scettici. Riconoscono che la vernalizzazione può avere degli effetti, ma che ciò accade raramente. Si meravigliano che possa essere un rimedio miracoloso per contrastare l'inefficienza cronica dell'agricoltura sovietica. Tuttavia, Lysenko riesce a convincere le autorità del contrario, facendo passare i propri detrattori per reazionari. Nominato da Stalin, Lysenko ha una rapida ascesa. La vernalizzazione era solo il punto di partenza. In seguito egli attacca la genetica classica nel suo insieme, ormai definita «borghese»: in URSS, non avrà più alcuno spazio praticamente per trent'anni. Il *lysenkoismo,* che nega qualsiasi ruolo ai geni e ai cromosomi nell'ereditarietà, diventa la dottrina ufficiale e sostituisce la genetica classica. Per quanto possa sembrare incredibile, questa teoria, fino ai giorni nostri la più grande farsa ufficialmente elevata al rango di scienza, avrà il sostegno di illustri intellettuali in tutto il mondo, in particolare in Francia. Non è un caso, il terreno era favorevole.

Lysenko, ovvero il trionfo della scienza «proletaria»

I primi attacchi rilevanti di Lysenko contro la genetica hanno inizio nel 1935. A quella «capitalista» egli contrappone la propria genetica «proletaria», che nega l'esistenza dei geni e dunque il loro ruolo nell'ereditarietà. L'idea che la specie umana possa essere modificata dal suo ambiente ideologico diventa credibile, inserendosi perfettamente nella vulgata marxista a cui doveva rifarsi qualsiasi forma di pensiero nell'URSS di Stalin. Secondo tale logica, dopo alcune generazioni, il figlio di un buon comunista sarebbe stato lui stesso, sin dalla nascita, un buon comunista! Il presidente dell'Accademia Lenin di Scienze Agrarie, Nikolaj Ivanovič Vavilov, che troneggia su tutta la genetica e la botanica sovietiche, commette l'errore di non elogiare le fantasie rivoluzionarie di Lysenko e suggerisce di non tagliare completamente i ponti con la genetica così come si stava sviluppando in tutto il mondo. Viene arrestato, sbattuto in una cella dove muore, probabilmente di fame, nel 1943.

A partire dal 1938, grazie al sostegno di Stalin, non vi è più nulla che ostacoli l'ascesa di Lysenko. Viene insignito diverse volte dell'Ordine di Lenin e dichiarato «eroe dell'Unione Sovietica», inoltre, onore supremo, prende possesso della carica un tempo occupata da Vavilov. E così viene nominato presidente dell'Accademia Lenin di Scienze Agrarie. Da quel momento, tutti i biologi classici sono destituiti dalle loro funzioni, talvolta deportati nei gulag. La genetica, definita borghese, capitalista o reazionaria, è bandita dall'insegnamento e dai laboratori. Sono autorizzate soltanto le elucubrazioni di Lysenko. Anche l'agricoltura deve seguire le linee dettate dal nuovo genio. L'allevamento e le coltivazioni sono sottoposti a ogni sorta di manipolazione del loro ambiente per produrre mutazioni ereditarie (torna alla ribalta, tra le altre tecniche, la vernalizzazione). Evidentemente le cose non funzionano, il rendimento delle fattorie collettive resta sempre molto basso. Pian piano nell'entourage del capo del Cremlino si levano voci che mettono in dubbio l'efficacia delle tecniche di Lysenko, ma Stalin continua a sostenerlo. Lysenko resta in carica dopo la morte del dittatore, nel 1953, e diventa persino uno dei protetti di Krusciov che, a partire dal 1956, diventa il leader incontrastato dell'URSS. Tuttavia, la crisi dell'agricoltura sovietica diventa sempre più evidente nel corso degli anni. Ciononostante occorrerà attendere il 1965 perché finalmente Lysenko e le sue idee cadano in disgrazia. La genetica classica è reintrodotta nell'insegnamento e nella ricerca. Ne era rimasta esclusa per quasi trent'anni! Fortunatamente per Lysenko l'epoca delle soluzioni sbrigative è terminata: non finirà in prigione e non sarà deportato in un gulag, ma morirà nella propria casa a Kiev nel 1976, dimenticato e nell'anonimato.

È la supremazia dell'ideologia sulla conoscenza razionale ad aver consentito alla truffa scientifica di Lysenko di prosperare e divenire egemonica per trent'anni in seno alla biologia sovietica. All'ombra del marxismo-leninismo, Lysenko ha potuto sottrarsi a tutte le restrizioni della produzione scientifica «ortodossa». Ha deliberatamente alterato i dati ricavati dai suoi esperimenti senza che nessuno potesse verificarli. Non ha mai sottoposto le pubblicazioni delle sue «scoperte» al giudizio delle grandi riviste scientifiche internazionali, perché sarebbero state passate minuziosamente al vaglio per poi essere rifiutate da qualunque esaminatore esperto. Lysenko ha riferito dei propri lavori soltanto nelle pubblicazioni o sui giornali sottoposti al potere stalinista nei quali era bandita qualsiasi analisi critica.

Aragon, Sartre e gli altri...

Al di fuori dell'Unione Sovietica, nel cosiddetto mondo «libero», alcuni intellettuali – e non tra i meno importanti – hanno sostenuto il lysenkoismo. In particolare in Francia, nel periodo della «guerra fredda» successivo al secondo conflitto mondiale, gli intellettuali che non abbracciano il marxismo-leninismo e tutte le lotte del partito comunista francese vengono stigmatizzati come traditori della classe operaia. Sartre li condannerà con una sentenza definitiva: «tutti gli anticomunisti sono dei cani»[1]. Nel 1948 Louis Aragon, grande scrittore, grande poeta, ma anche membro eminente del partito comunista francese, dedica alla presentazione del pensiero di Lysenko un numero speciale della rivista *Europe* da lui diretta. Firma un articolo il cui titolo – «De la libre circulation des idées» [Della libera circolazione delle idee] – lascia intendere che le idee di Lysenko siano ostracizzate, persino censurate, nel mondo «libero». Aragon afferma «che è il carattere borghese (sociologico) della scienza a impedire di fatto la creazione di una biologia pura, scientifica, e a non consentire agli uomini dotti della borghesia di fare determinate scoperte *di cui non possono, per ragioni sociologiche, accettare il principio di base*»[2]. In pratica, Aragon riprende l'idea di una biologia «proletaria», l'unica che possa essere definita «scientifica», da lui contrapposta alla biologia «borghese» che imbriglia la mente dei sapienti. Con le stesse argomentazioni, anche il celebre drammaturgo George Bernard Shaw patrocinerà il lysenkoismo nel Regno Unito. Alcuni intellettuali riprendono così l'idea staliniana – già presente nel pensiero di Lenin – che non esiste una scienza neutrale, che le affermazioni degli scienziati sono determinate dalla loro condizione sociale e dall'ideologia dominante che plasmano il loro modo di pensare. Anche Jean-Paul Sartre adotterà questo punto di vista. È su tali basi che egli definirà il ruolo dell'intellettuale nella società.

In tre testi datati 1965, Sartre ha «teorizzato» la differenza tra i «veri» intellettuali, necessariamente anticapitalisti, e tutti gli altri, quelli «falsi», complici volontari o involontari del «sistema»[3]. Per Sartre, il vero intellettuale è un «tecnico del sapere» consapevole che la propria conoscenza è plasmata dall'ideologia dominante. Per usare le parole stesse di Sartre, «l'intellettuale è dunque l'uomo che prende coscienza dell'opposizione, in sé stesso e nella società, tra la ricerca della verità pratica (con tutte le regole ch'essa implica) e l'ideologia dominante»[4]. Di conseguenza, l'intellettuale deve fronteggiare l'ideologia dominante per poter essere grado di produrre vera conoscenza. Ne consegue che il tecnico del sapere deve *innanzitutto* estirpare l'idra capitalista che gli rode la mente. A rigor di logica, Sartre ne deduce che il nemico più diretto del (vero) intellettuale è il falso intellettuale che «Nizan chiamava il cane da guardia, incoraggiato dalla classe dominante a difendere l'ideologia particolarista con argomentazioni che pretendono di essere rigorose – ovvero si presentano come prodotte da metodi esatti»[5]. L'intellettuale non può quindi che essere *radicalmente* anticapitalista. Opporsi alla classe dominante o servirla: questa è la scelta sartriana che si pone dinanzi all'intellettuale. In altri termini: resistere o collaborare.

La teoria sartriana continua a ispirare gli intellettuali «critici» o anticapitalisti. È questo in linea di massima l'approccio degli economisti che si definiscono «eterodossi» e pretendono di opporsi agli economisti che essi chiamano «ortodossi».

Come può essere interpretata tale distinzione? Gli economisti «ortodossi» rappresentano la stragrande maggioranza dei ricercatori nel mondo, anche se in molti rifiutano tale aggettivo affibbiato loro da una minoranza. Svolgono lavori teorici e pratici pubblicati su riviste soggette alle medesime regole di quelle di tutte le altre discipline scientifiche. Praticano l'economia come una scienza sperimentale, ricercando le cause dei fenomeni. Per stabilire per esempio se un aumento del salario minimo abbia effetto sull'occupazione, mettono a confronto gruppi di lavoratori che godono di tale misura con gruppi analoghi che non ne beneficiano. Gli economisti eterodossi si rifiutano di entrare in questa logica. Preferiscono rimanere fedeli alla concezione sartriana dell'intellettuale impegnato e (necessariamente) anticapitalista. In Francia, la maggior parte di loro milita nelle file degli Economisti Sgomenti. Nel novembre del 2010 hanno pubblicato un *Manifeste d'économistes atterrés*[6], redatto da Philippe Askenazy, Thomas Coutrot, André Orléan e Henri Sterdyniak, che individua le «false certezze» ispiratrici della politica dei poteri pubblici (occorre evidentemente leggerle come le «false certezze» ispirate dagli economisti ortodossi). Questi Economisti Sgomenti, presenti quasi quotidianamente sui mass media[7], accusano gli economisti ortodossi di intervenire nel dibattito pubblico per «giustificare o razionalizzare la sottomissione delle politiche alle esigenze dei mercati finanziari»[8].

Il filosofo Frédéric Lordon, particolarmente in vista in occasione delle *Nuits debout* parigine[9], fa parte di questi Economisti Sgomenti ed è persino uno dei loro membri più radicali. Afferma: «di questi economisti che, ignorando completamente il significato di critica, abbracciano apertamente l'ideologia dominante, non si può neppure dire che siano dei venduti, perché non avevano bisogno di essere acquistati: erano devoti sin dall'inizio. Oppure si sono offerti con gioia [...]. La scienza scientifica più dedita ha preso l'abitudine di dire di sé stessa delle cose che non offendono in nulla il potere finanziario (e parlo per litote)»[10]. Traduciamo: la mente degli economisti ortodossi è talmente inquinata dall'ideologia dominante che non serve a nulla acquistarli perché ne facciano l'apologia. Vi si dedicheranno naturalmente poiché la stessa idea di critica ha abbandonato i loro neuroni. Questo discorso è ripreso praticamente alla lettera dalla rivista *Alternatives économiques*, alla quale sono abbonati diversi liceali e professori di scienze sociali. Gli scritti di Philippe Frémeaux, uno degli editorialisti accreditati di tale rivista di cui è stato anche direttore, avvertono dunque il lettore «che i nostri esperti non sono venduti al sistema, ma gli sono semplicemente devoti»[11].

Pierre Bourdieu, scomparso nel 2002, è un intellettuale di tutt'altro calibro. Professore di sociologia al Collège de France dal 1982 al 2001, a tutt'oggi è l'unico sociologo a essere stato premiato con la medaglia d'oro del CNRS, il più alto riconoscimento scientifico francese. Sostenitore e spesso promotore di tutti i movimenti sociali, soprattutto a partire dagli anni Novanta, è l'archetipo dell'intellettuale «impegnato». Il suo impegno si basa su una critica del liberismo sotto ogni aspetto. L'analisi economica ortodossa non sfugge alla sua condanna. Egli ritiene persino che si debba lottare proprio su tale campo. Così, al termine di un discorso pronunciato nel dicembre del 1995 alla Gare de Lyon dinanzi ai ferrovieri in sciopero, proclama «che la tecnocrazia, nazionale e internazionale, possa essere combattuta efficacemente soltanto affrontandola sul suo terreno privilegiato, quello della scienza economica, e contrapponendo alla conoscenza astratta e mutilata di cui essa si avvale una conoscenza più rispettosa degli uomini e delle realtà con cui devono confrontarsi»[12]. Secondo Bourdieu, l'analisi economica sarebbe dunque «una scienza astratta basata sulla frattura, assolutamente ingiustificabile, tra economia e sociale»[13]. Aggiunge che gli economisti appartengono a una «professione in cui sono rarissime le persone che si preoccupano della realtà sociale o anche solo semplicemente della realtà»[14]. A suo parere, occorrerebbe che «tutte le forze sociali critiche insistessero sull'inclusione nei calcoli economici dei costi sociali delle decisioni economiche. Che cosa costeranno queste, a lungo andare, in termini di licenziamenti, sofferenze, malattia, suicidi, alcolismo, consumo di droghe, violenze famigliari, ecc. [...]. Credo che, sebbene possa sembrare cinico, occorra puntare le proprie armi contro l'economia dominante, e ricordare che, nella logica dell'interesse ben compreso, la politica strettamente economica non è necessariamente economica – a livello di insicurezza delle persone e dei beni, dunque di polizia, ecc.»[15].

In sostanza, sulla falsariga di Sartre, i filosofi anticapitalisti, gli Economisti Sgomenti e Pierre Bourdieu si collocano nella scia di un Lysenko che dichiara che la scienza «borghese» si contrappone alla scienza «proletaria». Essi denunciano una scienza economica «ortodossa» al servizio del (neo, ultra o ordo) liberismo, l'ideologia dominante contemporanea. Tale scienza non serve ad altro che a difendere gli interessi della classe al potere, composta a seconda delle circostanze dai banchieri, dai grandi imprenditori, dai trader, dall'uno per cento dei più ricchi... In tali condizioni, utilizzarla per migliorare le sorti di chi non fa parte della classe dominante è un'illusione. Occorre dunque opporvisi.

Questo discorso è un perfetto esempio di negazionismo scientifico. Tutti questi intellettuali che denunciano la scienza economica sembrano ignorare che la valutazione dei costi sociali delle politiche, anche in termini di sofferenze, malattia, delinquenza ecc., è una delle sue branche più importanti. Sembrano inoltre ignorare che la scienza economica è radicata nei fatti. Sono le informazioni derivanti dal mondo reale, il più delle volte numeriche, che ne costituiscono la materia prima. Essi denunciano una scienza economica fatta di arguzie astratte al servizio dei benestanti. Tuttavia, se avessero consultato almeno una parte della moltitudine dei lavori pubblicati sulle riviste più conosciute, avrebbero constatato che la sorte dei più indifesi è una preoccupazione primaria della scienza economica. Le valutazioni delle azioni condotte a favore dei bambini provenienti da contesti svantaggiati lo illustrano chiaramente.

È necessario cambiare quartiere per andar bene a scuola?

Promuovere la mescolanza sociale è una priorità di numerosi governi secondo i quali essa sarebbe un mezzo efficace per contrastare la «frattura sociale» e la diffusione delle disuguaglianze. Vivere in un quartiere svantaggiato può avere gravi conseguenze, in particolare a causa di una criminalità elevata, maggiori difficoltà a trovare un impiego e scuole di qualità inferiore. Ma anche vivere in un quartiere ricco presenta inconvenienti per un nucleo familiare povero: la comunicazione con vicini di estrazione sociale superiore può essere difficile, i negozi sono in genere più cari e i servizi sociali meno presenti. L'argomentazione addotta più di frequente a favore della mescolanza sociale è che essa implica la mescolanza scolastica, che migliorerebbe i risultati dei bambini provenienti da nuclei familiari svantaggiati. Ma è davvero così?

Per rispondere a tale quesito, occorrerebbe idealmente organizzare una gigantesca lotteria grazie a cui le famiglie che risiedono in quartieri svantaggiati potrebbero guadagnare un «buono» utilizzabile per sostenere le spese del trasloco e dell'affitto in un quartiere ricco. Questo esperimento consentirebbe di confrontare i risultati dei bambini provenienti da contesti simili, alcuni dei quali avrebbero però avuto la possibilità di poter cambiare quartiere. Osservando il loro andamento scolastico, prima e dopo il trasloco, si potrebbero trarre conclusioni sull'impatto della mescolanza sociale sui percorsi formativi.

È proprio ciò che ha fatto il ministero statunitense dell'edilizia abitativa tra il 1994 e il 1998 lanciando il programma Moving to Opportunity che offriva, tramite estrazione a sorte, dei buoni destinati a finanziare una parte dell'affitto di famiglie povere residenti in alloggi popolari o in quartieri svantaggiati[16]. La stragrande maggioranza delle famiglie idonee a questa estrazione dichiarava di volersi trasferire per sfuggire alla droga e alle gang. L'esperimento ha interessato 15.892 individui a Baltimora, Boston, Chicago, Los Angeles e New York. Una serie di indagini ne segue il percorso da quasi una ventina d'anni. I risultati sono inaspettati. Le famiglie che hanno avuto l'opportunità di ottenere un buono hanno traslocato in quartieri più fortunati, ma non tutti i loro figli ne hanno tratto benefici. Rispetto ai loro coetanei che non si erano trasferiti, i ragazzi che avevano *meno* di 13 anni al momento del trasloco hanno ottenuto un livello di scolarizzazione più alto, percepiscono stipendi migliori, hanno meno probabilità di separarsi dal coniuge e di vivere in quartieri svantaggiati una volta diventati adulti. Al contrario, il rendimento scolastico dei ragazzi che avevano *più* di 13 anni al momento del trasloco è stato inferiore a quello dei loro coetanei che non si erano spostati. Verosimilmente, quelli di età più avanzata, più segnati dal contesto di provenienza, hanno maggiori difficoltà a integrarsi nel nuovo ambiente.

Questo studio adotta l'approccio dell'analisi economica contemporanea. Innanzitutto, si basa su un numero elevato di osservazioni. A differenza dell'esame di alcuni casi più o meno emblematici, l'analisi di parecchie osservazioni può rilevare tendenze generali. Ma disporre di tale massa di informazioni non servirebbe a nulla senza un metodo. Quello adottato nel caso analizzato è *sperimentale*, come in fisica, biologia o medicina. Per sapere se un farmaco favorisce la guarigione, la ricerca medica procede in modo molto semplice: raffronta gli effetti del medicinale su un gruppo di persone che lo hanno assunto – il «gruppo campione» – con quelli di un gruppo a cui non viene somministrato – il «gruppo di controllo», chiamato anche «gruppo di riferimento». Idealmente, per valutare con correttezza l'effetto del farmaco, i due gruppi dovrebbero essere composti da persone identiche, affinché l'unica differenza tra il loro stato di salute dipenda proprio dal medicinale. Essendo impossibile un simile doppione, questo ideale è irrealizzabile. Per avvicinarvisi il più possibile, l'esperimento deve riguardare un numero sufficiente di persone inserite casualmente in uno dei due gruppi. In tal modo, i due insiemi hanno in media le stesse caratteristiche e la differenza tra il gruppo campione e quello di controllo può essere attribuita all'azione del farmaco. L'esperimento, se realizzato correttamente, assicura che il rapporto tra l'assunzione del medicinale e lo stato di salute non sia legato a fattori esterni che non hanno nulla a che vedere con il farmaco testato. È in questo modo che la medicina risolve il problema della causalità. Oggi l'analisi economica applica lo stesso metodo. Nello studio degli effetti del programma Moving to Opportunity, il gruppo campione è costituito dalle famiglie che hanno traslocato dopo l'estrazione a sorte, mentre il gruppo di controllo è composto da quelle che non si sono spostate. Se questi due gruppi sono numerosi e omogenei, come nel caso in esame, si ha la garanzia che i risultati dell'esperimento rispecchino bene un legame di causa-effetto tra il programma e il futuro dei suoi beneficiari. È come se un gruppo avesse assunto un medicinale con marchio Moving to Opportunity, mentre all'altro non fosse stato somministrato nulla.

I risultati tratti dall'esperimento Moving to Opportunity non stanno a significare che tale programma sia stato negativo per *tutti* i ragazzi con più di 13 anni, ma esprimono una tendenza generale che non esclude evidentemente una certa diversità. Questo programma sarà sicuramente stato vantaggioso per alcuni ragazzi di questa fascia di età, ma soltanto per una minoranza di loro. In economia, qualsiasi «legge» è di natura *statistica*. Si tratta esclusivamente di tendenze generali. Nella fattispecie, si può semplicemente constatare che, *in media*, Moving to Opportunity ha avuto effetti piuttosto negativi sulla crescita dei ragazzi di oltre 13 anni.

La valutazione del programma è emblematica, per diversi aspetti, del contributo che la scienza economica può portare nei dibattiti di politica economica.

Su un argomento tanto controverso quanto la mescolanza sociale – per qualcuno la soluzione peggiore, per altri un'evidenza indiscutibile – la scienza economica dà risposte nuove e utili. Grazie a un semplice dispositivo sperimentale, offre ai decisori un chiarimento privo di qualunque ideologia preconcetta.

Che cosa si deve fare per i bambini che vivono in contesti svantaggiati?

Esistono mezzi diversi dalla mescolanza sociale a sostegno dei bambini in contesti svantaggiati. Il Perry Preschool Program, attivo nello Stato del Michigan dal 1962, propone una soluzione alternativa. Questo programma si rivolge ai più piccoli, fra i 3 e i 4 anni, provenienti da contesti meno favorevoli. Si tratta di un riferimento in questo campo. Lo scopo del programma consiste nello sviluppare le loro capacità intellettuali e favorirne la socializzazione. A tal fine, i bambini beneficiano di un orientamento prescolare quotidiano di due ore e mezza dal lunedì al venerdì, proposto in gruppi di piccole dimensioni (un adulto ogni sei bambini) per una durata di due anni. Inoltre, i partecipanti hanno incontri settimanali di un'ora e mezza con i genitori, che si ritrovano anch'essi in piccoli gruppi una volta al mese.

Gli effetti del Perry Preschool Program sono stati valutati grazie a un esperimento con 123 bambini afroamericani provenienti da contesti svantaggiati e con un basso quoziente intellettivo (compreso tra 70 e 85). Tra i 123 bambini, 58 hanno beneficiato del programma – il gruppo campione – e 65 sono stati inseriti in un gruppo di controllo che ne è rimasto escluso. I partecipanti all'esperimento sono stati seguiti a intervalli regolari fino all'età di 40 anni. Il costo totale del programma per ogni bambino ammontava a 16.154 dollari (nel 2004). I benefici della sperimentazione possono essere valutati confrontando il percorso fatto dalle persone del gruppo campione con quello di controllo. E sono spettacolari. In media, su tutta la durata del monitoraggio dell'esperimento, il reddito di un membro del gruppo campione supera di 40.537 dollari quello di un individuo del gruppo di controllo. Ma sono i risparmi conseguiti con la riduzione della criminalità (spese di carcerazione, costi operativi del sistema giudiziario e danni alle vittime) i più ragguardevoli: ammontano a 94.065 dollari a persona. Il bilancio finale di tutte le conseguenze economiche e sociali del Perry Preschool Program, compresi i suoi effetti sul reddito dei figli dei beneficiari, può essere riassunto in una cifra: ogni dollaro investito in tale programma si traduce in un guadagno di 9,11 dollari per la collettività! La sua efficacia è perciò impressionante e la sua valutazione non si limita agli aspetti monetari: una volta adulti, i beneficiari del programma si occupano meglio dei figli, vanno più d'accordo con la famiglia, consumano con minore frequenza sonniferi, antidepressivi, marijuana ed eroina. L'affermazione, analoga a quella di Pierre Bourdieu ieri e degli avversari dell'economia ortodossa oggi, secondo cui l'analisi economica sarebbe incapace di valutare costi e benefici – per la collettività – delle politiche economiche e sociali, comprese di quelle volte a migliorare le sorti dei più svantaggiati, è propria del negazionismo scientifico[17].

Le valutazioni disponibili degli interventi educativi a favore dei giovani indicano che il successo del Perry Preschool Program è imputabile ad alcuni ingredienti, presenti in ogni programma, che hanno dato prova della loro efficacia. Innanzitutto, è mirato in modo specifico e il suo budget è elevato: il costo annuale per partecipante è circa il triplo di quello per un allievo di una scuola primaria in Francia. In secondo luogo, il Perry Preschool Program fa perno sul contesto familiare. La partecipazione dei genitori è una delle chiavi della sua riuscita. Inoltre, è stato constatato che i genitori i cui figli hanno beneficiato del Perry Preschool Program dipendono in misura minore dai redditi minimi sociali e hanno meno difficoltà a reinserirsi professionalmente. Un altro insegnamento particolarmente interessante è che i bambini che hanno preso parte al programma non hanno migliorato i loro risultati nei test sul quoziente intellettivo, ma hanno ottenuto punteggi più elevati in quelli che valutano le capacità *non cognitive*, come la motivazione e l'autodisciplina. Le capacità cognitive dunque non svolgono sempre un ruolo determinante in materia di inserimento sociale e di successo professionale. La valutazione dei sistemi educativi non deve essere basata unicamente sulle conoscenze acquisite, come spesso accade, ma anche su alcune dimensioni della personalità altrettanto importanti per l'inserimento nella società e nel mercato del lavoro.

Da diversi decenni, l'impatto dei programmi educativi è studiato dagli economisti «ortodossi» tramite approcci sperimentali basati su informazioni statistiche estremamente precise. A quanto pare gli avversari della scienza economica lo ignorano. Se si fossero invece presi la briga di informarsi, avrebbero capito che sono state tratte conclusioni precise e utili per la fase di implementazione delle scelte di politica economica. Innanzitutto, gli interventi educativi sono più efficaci per i bambini dotati di limitate capacità di apprendimento e di socializzazione rispetto a quelli che hanno capacità elevate. D'altro canto, i benefici di tali interventi diminuiscono rapidamente con l'età in chi è dotato di capacità modeste. È dunque auspicabile concentrare gli aiuti destinati alla formazione sui giovani provenienti da contesti socialmente svantaggiati o le cui capacità di apprendimento siano limitate. Nel caso degli adulti più disagiati, le politiche di formazione non miglioreranno sensibilmente le sorti dei beneficiari. Preferibilmente, l'assunzione di questa categoria di lavoratori andrebbe sostenuta tramite misure quali una riduzione degli oneri sociali o un abbassamento delle imposte. Gli interventi volti all'apprendimento hanno costi elevati e non sempre danno grandi frutti. Intensificare le misure pubbliche nel campo dell'istruzione, della formazione permanente e della riconversione professionale non è dunque sempre la migliore politica. Nello stesso ordine di idee, ci apprestiamo ora a vedere che le conclusioni della scienza economica non sono sempre favorevoli alle imprese quando riguardano l'argomento spinoso del salario minimo.

Il salario minimo favorisce l'occupazione?

In molti paesi i fast-food impiegano una manodopera prevalentemente poco qualificata e remunerata, il più delle volte, con il salario minimo. La redditività di tali ristoranti dipende dunque direttamente da questo livello di stipendio, per cui l'occupazione nel settore è particolarmente sensibile alle variazioni del salario minimo. Ebbene, nello Stato del New Jersey, quest'ultimo è aumentato bruscamente di quasi il 19% il 1° aprile 1992. Al contrario, nella vicina Pennsylvania non ha subito variazioni. David Card e Alan Krueger hanno approfittato di tale evento per valutare gli effetti di un incremento del salario minimo sull'assunzione di persone inquadrate con questo livello retributivo. Hanno trattato i fast-food del New Jersey come un gruppo campione toccato dall'aumento, mentre quelli dello Stato limitrofo della Pennsylvania formavano un gruppo di controllo non interessato da tale rialzo salariale. I due economisti hanno costituito un campione di diverse centinaia di fast-food vicini al confine tra i due Stati per assicurarsi che le condizioni economiche fossero le stesse per tutti i ristoranti considerati. Una prima indagine è stata condotta nei mesi di febbraio e marzo del 1992, prima dell'aumento del salario minimo e una seconda si è svolta circa otto mesi dopo l'incremento, a novembre e dicembre del 1992. Card e Krueger hanno così potuto confrontare l'evoluzione dell'occupazione nei fast-food del campione situati nel New Jersey con quella dei ristoranti presenti in Pennsylvania[18]. La conclusione tratta da queste due indagini non lascia dubbi: l'aumento del salario minimo non ha avuto alcun impatto negativo sull'occupazione nel New Jersey. Ha avuto anzi un effetto leggermente positivo. Questo risultato ha sorpreso la stragrande maggioranza degli economisti, considerando l'opinione ampiamente condivisa secondo cui un incremento del salario minimo è destinato a provocare esclusivamente una riduzione del livello occupazionale. Alla pubblicazione dello studio di David Card e Alan Krueger ne seguirono parecchi altri finalizzati a verificare la validità delle loro conclusioni. Questo approccio fa parte del corso normale della ricerca scientifica ed è applicato in ambito economico da diversi decenni. Alla fine, la conclusione iniziale di Card e Krueger non è stata contraddetta: gli incrementi del salario minimo negli Stati Uniti non sembrano avere comportato una diminuzione delle assunzioni[19].

In realtà, gli economisti del lavoro sanno da tempo che la scelta di imporre una paga minima potrebbe avere un impatto positivo e duraturo sull'occupazione. George Stigler, premio Nobel per l'economia nel 1982, aveva spiegato, in un articolo di riferimento pubblicato nel 1946, che un aumento del genere poteva comportare un incremento dei posti di lavoro anziché una loro diminuzione[20]. Come è possibile? Per spiegarlo, occorre innanzitutto ricordare il motivo per cui il salario minimo può ridurre il livello occupazionale.

Dal momento che la manodopera è molto mobile, i datori di lavoro combattono una furiosa battaglia per reclutare le persone di cui hanno bisogno. A causa dell'aspra concorrenza, sono quindi costretti a fissare stipendi praticamente uguali al rendimento dei lavoratori, per timore che questi ultimi vadano a bussare alla porta dei concorrenti. Lo scarto tra ciò che un dipendente frutta (la sua produttività) e ciò che costa (il suo salario) è dunque irrilevante[21]. Se, in tale situazione, le autorità pubbliche impongono un livello minimo *superiore* allo stipendio determinato dal gioco della concorrenza, alcuni lavoratori costeranno alle loro imprese più di quanto non rendano, ed esse finiranno per farne a meno. Il salario (minimo) è così il nemico dell'occupazione. Ma la realtà assomiglia raramente alla situazione in cui ogni individuo che rifiuti un'offerta di lavoro può istantaneamente farsi assumere altrove. Il più delle volte, il datore di lavoro possiede un *potere*[22] grazie al quale può fissare un salario *inferiore* alla produttività del lavoratore da lui assunto. Lo scarto tra la produttività e lo stipendio non è più trascurabile, esiste ormai un «margine» tra ciò che un dipendente costa e ciò che rende all'azienda. Se lo Stato decide di fissare il salario minimo appena al di sopra dello stipendio stabilito dal datore di lavoro, quest'ultimo vedrà il proprio margine ridursi. Finché questo resta positivo, non vi è alcun motivo per fare a meno del proprio personale. Ma c'è dell'altro. L'aumento del salario minimo può indurre alcuni disoccupati a cercare un lavoro con maggiore urgenza e a interessarsi a proposte che in precedenza non prendevano in considerazione. Ci sono dunque *più* persone che desiderano lavorare per percepire quella retribuzione fissata dallo Stato di quanto non ce ne fossero disposte ad accettare lo stipendio (inferiore) stabilito dal datore di lavoro. Se quest'ultimo realizza un margine positivo su ogni dipendente retribuito con il salario minimo, ha interesse ad assumere quei lavoratori supplementari. E lo stipendio minimo non è più il nemico dell'occupazione!

Sfortunatamente, questa operazione non può essere ripetuta all'infinito. Qualsiasi nuovo aumento del salario minimo attira altri lavoratori, ma riduce il margine di guadagno su quelli già impiegati. Se lo Stato continua ad alzarne il livello, alcuni dipendenti finiranno per costare più di quanto non rendano, quindi saranno licenziati. E il salario minimo diventa nuovamente il nemico dell'occupazione. Questa concezione del mercato del lavoro è importante perché ci aiuta a comprendere che i rialzi del salario minimo non agiscono sempre nello *stesso* senso. Tutto dipende dal punto di partenza. Se il suo livello è basso, prossimo ai minimi sociali, un suo aumento attira nuovi lavoratori che le aziende hanno interesse ad assumere. Se, al contrario, è elevato, qualsiasi rialzo induce le imprese a separarsi dai propri dipendenti la cui produttività viene superata dal nuovo livello, senza assumere un numero equivalente di nuovi lavoratori più produttivi. Il salario minimo può dunque essere vantaggioso o nefasto per l'occupazione. Tutto dipende dal suo livello e dal contesto. La storia dei fast-food del New Jersey induce a pensare che negli Stati Uniti negli anni Ottanta e Novanta il contesto fosse favorevole. Ma le cose non stanno necessariamente così altrove, in particolare in Francia.

Da oltre quarant'anni, l'evoluzione del salario minimo è molto diversa tra i due paesi. In Francia, non ha smesso di aumentare dall'inizio degli anni Settanta, mentre negli Stati Uniti il suo valore era più basso nel 2012 che nel 1970! Queste tendenze divergenti, amplificate dall'incremento dei contributi previdenziali in Francia, determinano oggi grandi differenze a livello di costo del lavoro della manodopera poco qualificata. In Francia, nel 2012, il costo medio del lavoro retribuito con il salario minimo era pari a circa 14 dollari, contro 8 dollari negli Stati Uniti. Lo scarto è talmente considerevole che si è indotti a pensare che gli Stati Uniti si trovino nello scenario descritto in precedenza, in cui l'aumento del salario minimo può creare occupazione, mentre la Francia si colloca nella situazione opposta.

Uno studio conferma tale intuizione[23]: per la Francia, il percorso delle persone il cui stipendio ha dovuto essere aumentato negli anni Ottanta per via del rialzo del salario minimo è stato messo a confronto con quello dei dipendenti la cui retribuzione, leggermente superiore, non è stata influenzata da tali incrementi. A quanto pare, le persone che hanno subito l'impatto del salario minimo hanno avuto una maggiore probabilità di perdere il lavoro rispetto a chi aveva uno stipendio molto prossimo a quello minimo ma mai inferiore a questo.

Che cosa fanno veramente gli economisti?

Gli studi che valutano l'impatto del salario minimo o di programmi come Moving to Opportunity e il Perry Preschool non sono casi isolati. Gli economisti si interessano da tempo ai programmi a favore dei più svantaggiati, esaminando tematiche a elevata componente sociale. I loro risultati sono ancorati ai fatti e si basano su esperimenti, come in medicina, in biologia o in fisica. Questa tendenza non si arresta, è anzi un'attività in piena crescita, come testimoniato, nel 2003, dalla creazione del Poverty Action Lab da parte di Abhijit Banerjee, Esther Duflo e Sendhil Mullainathan, professori del MIT, con lo scopo di contrastare la povertà tramite esperimenti sul campo, anziché il ricorso a ideologie preconcette. Nel 2015, con 127 professori affiliati al Poverty Action Lab, sono stati completati o avviati 678 esperimenti sul campo in 62 nazioni. Essi riguardano una grande diversità di settori come l'istruzione, la salute, la finanza, l'amministrazione, l'ambiente, l'energia, il mercato del lavoro e l'agricoltura.

Nell'era dei big data, l'economia è diventata una disciplina sperimentale. Basti pensare ai vincitori del prestigioso riconoscimento John Bates Clark, una sorta di medaglia Fields assegnata dall'American Economic Association a un economista di nazionalità americana con meno di quarant'anni che, secondo la giuria, abbia «apportato il contributo più significativo al pensiero e alla conoscenza economica». L'American Economic Association è indubbiamente al cuore della produzione della conoscenza più «ortodossa» al mondo. I lavori completati negli ultimi dieci anni coprono una vasta gamma di questioni, dall'effetto dell'incarcerazione sulla criminalità all'impatto delle istituzioni sullo sviluppo economico, passando per le conseguenze della pressione fiscale sulle attività o ancora l'effetto delle politiche educative sui risultati dei giovani afroamericani[24]. Questi lavori utilizzano database colossali e metodi sperimentali rigorosi per produrre conclusioni su questioni legate alla quotidianità di tutte le categorie della popolazione. Si è ben lontani dalla difesa unilaterale dell'efficienza dei mercati e dall'appoggio alle politiche a favore dei più ricchi! Sostenere il contrario significa fare torto alle decine di migliaia di ricercatori che scandagliano la realtà per migliorare la quotidianità dei più bisognosi. Purtroppo discreditare la scienza economica, così come oggi opera in quasi tutto il mondo, non è appannaggio dei nostri intellettuali «critici». Nei prossimi capitoli vedremo che grandi imprenditori – in posizione privilegiata sui mass media – si comportano allo stesso modo quando si tratta di difendere i loro interessi.

Note

[1] Michel Winock, *Le Siècle des intellectuels*, Paris, Seuil, 1999, cap. XLVI.

[2] Louis Aragon, «De la libre circulation des idées», *Europe*, n. 33, ottobre 1948, pp. 3-29.

[3] Jean-Paul Sartre, *Plaidoyer pour les intellectuels*, Paris, Gallimard, 1972 (trad. it. *Difesa dell'intellettuale*, Roma, Theoria, 1992). Questo libro riunisce tre conferenze tenutesi in Giappone nel settembre e nell'ottobre del 1965.

[4] *Ivi*, pp. 40-41.

[5] *Ivi*, p. 53. Sartre allude qui al libello di Paul Nizan, *Les Chiens de garde*, pubblicato nel 1932 (trad. it. *I cani da guardia*, Firenze, La Nuova Italia, 1970), in cui l'autore accusa i filosofi francesi più influenti dell'epoca, come Bergson, di convalidare, con il loro modo di pensare, la supremazia delle idee «borghesi».

[6] *Manifeste d'économistes atterrés*, cit. (trad. it. *Manifesto degli economisti sgomenti*, cit.). Nel 2015 è stato seguito dal *Nouveau Manifeste des économistes atterrés*, pubblicato dallo stesso editore.

[7] Si veda la pagina «Notre agenda» sul loro sito www.atterres.org.

[8] *Manifeste d'économistes atterrés*, cit., p. 3.

[9] Movimento sociale di protesta sorto in Francia nella primavera del 2016 contro la riforma del lavoro varata dal governo socialista. Si veda il sito https://nuitdebout.fr/ [*N.d.T.*].

[10] Frédéric Lordon, «Économistes, institutions, pouvoir», comunicazione al congresso dell'AFEP (Association française d'économie politique), Parigi, 5-8 luglio 2012.

[11] «Peut-on faire confiance aux experts en économie?», *Alternatives économiques*, www.alternatives-economiques.fr, 30 marzo 2012.

[12] Pierre Bourdieu, *Contre-feux. Propos pour servir à la résistance contre l'invasion néo-libérale*, Paris, Liber-Raisons d'agir, 1998, p. 30 (trad. it. *Controfuochi: argomenti per resistere all'invasione neo-liberista*, Milano, Reset, 1999).

[13] *Ivi*, p. 57.

[14] *Ivi*, p. 95.

[15] *Ivi*, p. 45.

[16] Questa sperimentazione ha ispirato numerose ricerche. Tra i contributi recenti, si vedano Jens Ludwig, Greg Duncan, Lisa Gennetian, Lawrence Katz, Ronald Kessler, Jeffrey Kling, Lisa Sanbonmatsu, «Long-Term Neighborhood Effects on Low-Income Families: Evidence from Moving to Opportunity», *American Economic Review*, Papers & Proceedings, 103(3), 2013, pp. 226-231; e Raj Chetty, Nathaniel Hendren, Lawrence Katz, «The Effects of Exposure to Better Neighborhoods on Children: New Evidence from the Moving to Opportunity Experiment», *American Economic Review*, 106(4), 2016, pp. 855-902.

[17] Per ulteriori informazioni sulla valutazione dei programmi a favore dei giovani svantaggiati, si vedano il capitolo 7 del nostro libro *Les Ennemis de l'emploi*, Paris, Flammarion, 2015; e Stéphane Carcillo, *Des compétences pour les jeunes*, Paris, Presses de Sciences Po, 2016.

[18] David Card, Alan Krueger, «Minimum Wages and Employment: A Case Study of the Fast-Food Industry in New Jersey and Pennsylvania», *American Economic Review*, vol. 84, 1994, pp. 772-793. Si veda anche il loro libro *Myth and Measurement. The New Economics of the Minimum Wage*, Princeton, Princeton University Press, 1995.

[19] Per una panoramica dei dibattiti successivi alla pubblicazione dell'articolo di Card e Krueger, si veda il capitolo 3 del nostro libro *Les Ennemis de l'emploi*, cit.

[20] George Stigler, «The Economics of Minimum Wage Legislation», *American Economic Review*, vol. 36, 1946, pp. 358-365. Nel 1982 venne assegnato il premio Nobel per l'economia a George Stigler per i suoi studi originali sulla struttura industriale, sul funzionamento dei mercati così come sulle cause e sugli effetti della regolamentazione pubblica.

[21] In questa parte teorica, ciò che in breve definiamo «salario» rappresenta di fatto il «costo del lavoro», vale a dire lo stipendio maggiorato di tutti i contributi che pesano sulla manodopera.

[22] Più precisamente, gli economisti parlano di «potere monopsonistico» quando vi è un unico acquirente su un mercato. Il datore di lavoro dispone di un potere di monopsonio nei confronti del dipendente nella misura in cui quest'ultimo non può, in generale, far entrare in concorrenza altri datori di lavoro per richiedere aumenti di stipendio. Nell'ultimo decennio tale approccio ha ispirato numerosi studi sulla formazione dei salari e sull'impatto del salario sull'occupazione. Su tale argomento si rimanda alle opere di Alan Manning, *Monopsony in Motion. Imperfect Competition in Labor Markets*, Princeton, Princeton University Press, 2003; e di Dale Mortensen, *Wage Dispersion Why Are Similar Workers Paid Differently*, Cambridge-Londres, MIT Press, 2003.

[23] John Abowd, Francis Kramarz, Thomas Lemieux, David Margolis, «Minimum Wages and Youth Employment in France and the United States», in David Blanchflower, Richard Freeman (eds), *Youth Employment and Joblessness in Advanced Countries*, Chicago, University of Chicago Press, 2000, pp. 427-472.

[24] Si veda: www.aeaweb.org/honors_awards/clark_medal.php.

Capitolo 2

GLI IMPRENDITORI CHE AFFONDANO LA FRANCIA

Dalla metà degli anni Settanta la Francia continua a perdere occupazione nell'industria. È una vera e propria ecatombe. Un numero cospicuo di grandi imprenditori si mobilita dinanzi a questo dramma, con la volontà di salvare posti di lavoro e diventare più competitivi. Questo dovrebbe andare a beneficio di tutta la nazione. In realtà, intendono soprattutto preservare le loro aziende dalla concorrenza.

Nella sua opera *La Dynamique du capitalisme*, Fernand Braudel sottolinea che, nel corso della Storia, gli imprenditori più potenti hanno tentato di proteggersi dalla concorrenza con il sostegno delle forze al potere: «Vi è forse bisogno di dire che questi capitalisti, nel mondo islamico così come in quello cristiano, sono gli amici del principe, degli alleati o degli sfruttatori dello Stato? [...] Hanno mille mezzi per falsare il gioco a loro favore, con la manipolazione dei prestiti/del credito? [...]. Sono superiori per informazione, intelligenza e cultura. E colgono sempre intorno a loro ciò che vale la pena prendere. Chi può mettere in dubbio che abbiano a disposizione dei monopoli o semplicemente il potere necessario per cancellare nove volte su dieci la concorrenza? Un mercante olandese, scrivendo a uno dei suoi amici di Bordeaux, gli consigliava di tenere segreti i loro progetti; "altrimenti, aggiungeva, questo affare finirà come tanti altri in cui, per via della concorrenza, non resta più acqua da bere"!»[1].

I più accaniti oppositori della dura legge della concorrenza sono il più delle volte dei «capitalisti» a capo di grandissime aziende che cercano di preservare o aumentare le loro quote di mercato. I loro dipendenti hanno tutto l'interesse ad appoggiarli in questa lotta. E quando si avvicinano le scadenze elettorali, le autorità pubbliche tendono a cedere a questa pressione congiunta, limitando la creazione di nuove attività o instaurando barriere all'ingresso. I capitalisti diventano i migliori nemici del capitalismo[2].

Da una quindicina di anni le relazioni ispirate o elaborate da alcune grandi figure imprenditoriali auspicano sempre la medesima soluzione: lo Stato deve essere l'artefice di una vera e propria «politica industriale» disposta a finanziare adeguatamente la creazione di potenti filiere all'avanguardia. Per imporsi nell'economia globalizzata che non rispetta alcuna regola, tali filiere devono proteggersi dalla concorrenza e basarsi preferibilmente su grandi aziende o gruppi di aziende, gli unici in grado di resistere al rullo compressore dei mastodonti stranieri. Soltanto a tali condizioni l'industria diventerà di nuovo il motore della crescita francese come ai tempi dei Trenta Gloriosi[3]. Queste affermazioni non hanno alcun fondamento, come vedremo.

Grandi imprenditori che non amano la concorrenza

Alle elezioni presidenziali del 2000, George W. Bush, promettendo di limitare le importazioni di acciaio, ha conquistato lo Stato della Virginia Occidentale, sede delle grandi industrie siderurgiche i cui dipendenti votavano tradizionalmente per il partito democratico. Una volta eletto, George W. Bush ha mantenuto la promessa, mentre il suo predecessore democratico, Bill Clinton, si era sempre rifiutato di adottare questo tipo di misure. Tra il 1980 e il 2004, la produttività media della siderurgia negli Stati Uniti era praticamente triplicata sotto la pressione della concorrenza internazionale[4], ma i colossi della produzione di acciaio come U.S. Steel erano rimasti molto indietro rispetto a tale tendenza. All'inizio degli anni Duemila non erano più in grado di competere con gli importatori stranieri ma nemmeno con le aziende americane più piccole (le *mini-mill*), nettamente più efficienti e perfettamente in grado di rispondere alla concorrenza delle imprese europee o asiatiche[5]. George W. Bush prestò ascolto alle lamentele dei dirigenti dei colossi e di una parte dei loro 150.000

dipendenti – che condussero alcune azioni ampiamente pubblicizzate dai mezzi di informazione – e decise di limitare le importazioni di acciaio[6].

Il comportamento di George W. Bush è emblematico di una tendenza delle autorità pubbliche a cedere alle pressioni che le spingono a proteggere le aziende in crisi. In numerose circostanze i protagonisti della scena politica possono trarre dei benefici sostanziali tutelandole con un'opportuna regolamentazione. Tale era la strategia adottata da George W. Bush. Questa scelta ha contribuito a fargli vincere le elezioni nello Stato della Virginia Occidentale. Le barriere tariffarie hanno senza dubbio preservato circa 3.500 posti di lavoro nelle aziende dell'acciaio, ma ne hanno distrutti tra i 12.000 e i 43.000 in quelle aziende che utilizzano tale prodotto, divenuto più caro[7]. Queste conseguenze erano prevedibili, ed è per tale ragione che Bill Clinton si era rifiutato di cedere alla pressione dei lavoratori e dei dirigenti delle grandi fabbriche. Tale pressione era tanto più forte in quanto i dirigenti avevano *individualmente* molto da perdere dalla nuova situazione. Per contro, i 9 milioni di lavoratori la cui occupazione in quel momento dipendeva più o meno dalla fornitura di acciaio avevano *individualmente* poco da guadagnarci. Inoltre, coloro che fossero stati assunti grazie alla crescita del mercato consentita dalla riduzione dei prezzi dell'acciaio avrebbero potuto trarne parecchi vantaggi, ma le loro voci erano solo virtuali. Tra coloro che ci avrebbero guadagnato ci sarebbero stati anche i consumatori che acquistano prodotti a base di acciaio. Ma, in questo caso, il guadagno individuale è limitato e la maggior parte di loro non ne è veramente consapevole. La concorrenza migliora le sorti della maggioranza delle persone, ma in modo modesto a livello individuale; per contro, può causare danni considerevoli ad altri, nettamente meno numerosi ma necessariamente più determinati. È per questo motivo che solo questi ultimi si erano imposti all'attenzione.

Il consumatore è il primo beneficiario della concorrenza tra le aziende. Ma quelle che occupano posizioni consolidate non vedono di buon occhio i nuovi arrivati che contendono le loro quote di mercato, e hanno interesse a raggiungere un'intesa per gonfiare i prezzi ed erigere barriere all'ingresso reclamando sovvenzioni e una regolamentazione più severa. Le autorità incaricate di disciplinare la concorrenza (l'Autorité de la concurrence in Francia, la Commissione Europea in Europa) vigilano però con attenzione. Sono vietate le intese sui prezzi e sulle quote di mercato. Ai grandi imprenditori non piacciono questi gendarmi da cui sono sorvegliati costantemente e che non esitano a infliggere loro pesanti ammende. In Francia Jean-Louis Beffa[8] si trova spesso in prima linea nella lotta contro la politica della concorrenza per così dire imposta da Bruxelles. Bisogna ricordare che la sua esperienza in materia è dolorosa poiché nel 2008 la Commissione Europea ha inflitto a Saint-Gobain, azienda da lui diretta dal 1986 al 2007, una multa di 880 milioni di euro per aver raggiunto un'intesa con altre grandi imprese allo scopo di fissare i prezzi e spartirsi i mercati della fornitura di vetro all'industria automobilistica tra il 1998 e il 2003[9]. Il comunicato della Commissione precisa laconicamente che si tratta della sanzione più alta mai inflitta a un'azienda. In Germania, l'alter ego di Beffa si chiama Gerhard Cromme, che ha diretto ThyssenKrupp dal 1999 al 2001. Prima di farsi spodestare da Saint-Gobain, ThyssenKrupp deteneva il record dell'ammenda più alta inflitta dalla Commissione nel 2007. Dal 1998 al 2005, in flagrante violazione della normativa europea sulla concorrenza, ThyssenKrupp, Otis, Schindler e Koné si scambiavano informazioni commerciali di tipo confidenziale – sull'installazione e sulla manutenzione degli ascensori e delle scale mobili in Belgio, Germania, Lussemburgo e nei Paesi Bassi –, truccavano le gare d'appalto, si accordavano sui prezzi e si spartivano i mercati.

Queste accuse non hanno impedito a François Hollande e Angela Merkel di commissionare a Jean-Louis Beffa e Gerhard Cromme una relazione che avrebbe dovuto proporre delle linee guida «per rilanciare la competitività in Europa». Visti i precedenti di queste due personalità, si poteva immaginare che la loro relazione non avrebbe decantato i pregi della concorrenza. Il lavoro fu consegnato nel 2013: realizzato in tre mesi, di concerto con le organizzazioni imprenditoriali interessate, era volontariamente succinto «affinché le proposte prevalessero sulle constatazioni»[10]. Com'era prevedibile, raccomandava di accrescere gli aiuti pubblici a favore dell'industria e di far «evolvere» la politica della concorrenza per favorire l'emergere di grandi aziende industriali europee. Tale conclusione rispondeva probabilmente agli auspici della coppia franco-tedesca. La relazione sosteneva inoltre che «le autorità preposte alla concorrenza devono incoraggiare attivamente l'impegno delle aziende a conformarsi alle regole della concorrenza, per esempio tramite una riduzione delle sanzioni»[11].

Beffa e Cromme intendevano probabilmente farci capire che avrebbero maggiormente rispettato le regole della concorrenza... se le multe fossero state meno salate! Decisamente, la psicologia dei grandi capitani d'industria è molto diversa da quella dei comuni mortali.

A che cosa serve la politica industriale?

La cosiddetta politica «industriale» consiste nel favorire lo sviluppo di nuove industrie o nel proteggere dalla concorrenza straniera determinate attività interne tramite forti sovvenzioni, arrivando addirittura a porre barriere all'ingresso. È presente nel programma di tutti i governi francesi almeno dalla fine della seconda guerra mondiale. Così, il generale de Gaulle ha fortemente sostenuto l'aeronautica, con i programmi Concorde e Airbus, e l'informatica attraverso il varo di «Plan Calcul» e la creazione del «campione nazionale» CII-Honeywell-Bull. Sulla stessa linea, in occasione della campagna per le elezioni presidenziali del 2007, Nicolas Sarkozy prometteva di attuare «una politica industriale, scegliendo i settori strategici sui quali concentrare il nostro impegno». Aggiunse che la Francia doveva «mantenere degli stabilimenti» allo scopo di mettere fine alle delocalizzazioni. François Hollande non è venuto meno a questa tendenza. In occasione del famoso discorso del 22 gennaio 2012 al Parc des Expositions du Bourget, egli ha dichiarato: «È in gioco la sovranità della Repubblica rispetto ai mercati e alla globalizzazione [...]. La reindustrializzazione della Francia sarà la mia priorità. Creerò una banca pubblica di investimento che, integrando i fondi regionali, accompagnerà lo sviluppo delle imprese strategiche».

La volontà ribadita di attuare una politica industriale pilotata dallo Stato è in realtà un segno di sfiducia nei confronti del mercato. In Francia, la classe politica condivide quasi all'unanimità l'idea che senza una guida superiore il mercato finirebbe per scontrarsi con gli interessi della nazione. Soltanto uno Stato «stratega» e visionario sarebbe in grado di metterci sulla strada giusta. Gli economisti Augustin Landier e David Thesmar assimilano questo concetto a quello del «disegno intelligente» in biologia: è necessaria la volontà di un essere superiore – nella fattispecie lo Stato – per orientare il «darwinismo» del mercato[12]. La creazione del ministero del Rilancio produttivo affidato da François Hollande ad Arnaud Montebourg non potrebbe simboleggiare meglio tale volontà missionaria. Ma il disegno dello Stato stratega è davvero così intelligente? Non coincide piuttosto con gli interessi di alcuni gruppi ben posizionati per influenzarlo? Lo Stato agisce meglio del presunto darwinismo del mercato? Non vi è nulla di più incerto…

Nel gennaio del 2005, Beffa, allora presidente e amministratore delegato di Saint-Gobain, consegna al presidente Jacques Chirac una relazione intitolata *Pour une nouvelle politique industrielle*[13]. Egli auspica la creazione di un'Agenzia per l'innovazione industriale affinché la politica industriale sia imperniata «sullo sviluppo, da parte dello Stato, di programmi tecnologici industriali a lungo termine». Il potere pubblico deve impegnarsi «a finanziare la metà della spesa per la ricerca e lo sviluppo, sotto forma di sovvenzioni e prestiti rimborsabili». Nel mese di agosto del 2005 un decreto istituisce tale Agenzia che viene dotata di 2 miliardi di euro e il cui consiglio di vigilanza è presieduto dallo stesso Beffa. Il 1° gennaio 2008 viene sciolta e fusa in una struttura più ampia per il finanziamento delle piccole e medie imprese, dopo aver distribuito 1,5 miliardi di euro di sovvenzioni pubbliche a favore di progetti spesso sostenuti dalle sfere più alte dello Stato. Il 6 gennaio 2006, Jacques Chirac, per esempio, annuncia nel suo messaggio di auguri alle forze vive della Nazione che l'Europa si appresta a «raccogliere la sfida mondiale dei colossi americani Google e Yahoo» con il lancio del motore di ricerca Quaero («io cerco», in latino), che sarà «davvero multimediale, cioè in grado di integrare, oltre ai testi, audio e immagini». Per realizzare questo obiettivo il programma Quaero ha ricevuto 90 milioni di euro dall'Agenzia per l'innovazione industriale, salvo concludersi il 31 dicembre 2013 e, secondo le ultime notizie, senza lasciare traccia su Internet di questo rivoluzionario motore di ricerca. Quaero è un fallimento totale. I sostenitori dell'Agenzia per l'innovazione industriale potranno facilmente ribattere che un investimento è sempre rischioso, soprattutto nell'ambito delle nuove tecnologie, e che il settore privato non avrebbe saputo fare di meglio. Il che non è così sicuro.

Un ragionamento semplice, se non addirittura riduttivo, suggerisce che gli amministratori di fondi pubblici sceglierebbero talvolta progetti troppo rischiosi e mal ponderati poiché i soldi investiti non sono i loro. La Germania ha vissuto un'esperienza che conferma tale ragionamento[14]. Nel luglio del 2001 un provvedimento giudiziario ha messo repentinamente fine a un sistema di garanzie pubbliche di prestiti erogati da alcune banche. Queste garanzie sono state ritenute non conformi alla regolamentazione europea poiché erano considerate equivalenti a sovvenzioni indirette in grado di distorcere la concorrenza. Effettivamente per questa via le aziende ottenevano linee di credito a un costo inferiore, in quanto le banche non si assumevano tutto il rischio di un'eventuale inadempienza nel pagamento. Gli istituti di credito hanno modificato il loro comportamento nel momento in cui i loro prestiti non sono più stati garantiti, concedendo così crediti meno rischiosi e in volumi inferiori. La fine delle garanzie pubbliche ha concentrato le risorse sui progetti ritenuti più validi eliminando quelli più discutibili, finanziati fino a quel momento dal contribuente tedesco. Così, l'intervento pubblico volto a facilitare l'accesso al credito ha finito per far sopravvivere alcuni pesi morti senza migliorare la condizione delle aziende più promettenti. Questa conclusione combacia con quella tratta all'indomani della riforma del sistema bancario francese voluta da Pierre Bérégovoy nel 1984, che mise fine al sistema di controllo del credito[15].

In linea di massima, il potere pubblico, anche affiancato da imprenditori di talento, non è in grado di scegliere progetti validi meglio degli investitori privati. Quando si tratta di un investimento le cui poste in gioco sono principalmente commerciali, come la creazione di un motore di ricerca su Internet o la televisione mobile – un altro progetto finanziato con 37 milioni di euro dall'Agenzia per l'innovazione industriale – è preferibile lasciare il posto a investitori esperti, responsabili dei fondi che impegnano, anziché distribuire risorse pubbliche attinte dalle tasche dei contribuenti. Nel migliore dei casi tali risorse finanziano progetti troppo rischiosi e non opportunamente valutati.

Ma viene avanzata un'altra argomentazione per giustificare gli aiuti pubblici all'industria: essi contribuiranno alla creazione di sinergie tra soggetti che non sarebbero in grado di coordinarsi in loro assenza. In Francia questa politica si è materializzata nel 2005 con il lancio dei «poli di competitività». Nel 2016 se ne contavano 71, distribuiti in tutto il paese. La loro finalità è di riunire, su una tematica mirata e su un medesimo territorio, aziende, centri di ricerca e istituti di formazione allo scopo di accrescere la capacità di innovazione e la competitività. Dalla loro istituzione hanno beneficiato di 2,3 miliardi di euro di aiuti pubblici[16]. Per valutare l'efficacia dei poli sarebbe necessario un approccio sperimentale in grado di stimare quel che ne sarebbe stato delle aziende associate a tali centri se questi non fossero esistiti, facendo dunque a meno delle sovvenzioni pubbliche. Si potrebbe per esempio considerare di raffrontare imprese in linea di principio simili, delle quali soltanto alcune abbiano beneficiato dei vantaggi dei poli di competitività. L'obiettivo ultimo consiste nel sapere se le risorse qui investite si traducano effettivamente in un miglioramento della produttività. Queste valutazioni avrebbero potuto essere affidate a economisti esperti in tali tecniche, ma lo Stato ha preferito fare appello a società di consulenza. Queste ultime però non praticano tale genere di attività e, soprattutto, sono contemporaneamente giudici e parti in causa. Come può una società di consulenza, per la quale tutti i componenti dei poli di competitività (comunità territoriali, grandi aziende e organismi di formazione) sono clienti potenziali, esprimere un parere che potrebbe rimettere in causa i finanziamenti di tali centri? Per svolgere la loro attività le società di consulenza si accontentano sostanzialmente di interrogare i vari partecipanti e di raccogliere alcune statistiche su investimenti e spese. In ultima analisi, pur di avere credibilità, talvolta criticano alcuni aspetti del funzionamento dei poli di competitività, per poi però raccomandare sistematicamente di continuare a finanziarli. La relazione consegnata da Boston Consulting Group e CM International nel giugno del 2008 sottolinea per esempio l'impegno dei partecipanti e constata che «la maggior parte dei poli danno prova finora di un dinamismo promettente». La relazione delle società BearingPoint, Erdyn e Technopolis Group-ITD, realizzata nel 2012, raccomanda di prolungare l'esperienza di queste realtà, in quanto «la politica dei poli è considerata praticamente come l'unica vera politica industriale francese da molti soggetti a livello nazionale e regionale» e anche perché «i poli di competitività si sono affermati come un motore di concentrazione e associazione delle risorse su filiere regionali, un fattore potente di attrattività dei territori e un elemento chiave del marketing territoriale». In breve, tutto è perfetto o quasi nel meraviglioso mondo dei poli di competitività. Al di là di qualche sporadica critica, la vera funzione di queste relazioni consiste nel legittimare l'esistenza di tali strumenti agli occhi dello Stato, che può in tal modo perseverare nella sua missione di «stratega» della politica industriale.

Nonostante l'assenza di valutazioni degne di questo nome, i lavori degli economisti contengono in sé insegnamenti pertinenti sull'efficacia dei raggruppamenti di aziende. Sfruttando enormi database e coprendo numerosi paesi, tali lavori concludono che la concentrazione territoriale delle imprese di uno stesso settore è una fonte di incrementi di produttività, soprattutto per i settori high tech. Una sintesi di tali studi suggerisce che il raddoppio del numero di posti di lavoro su uno stesso territorio si traduce in guadagni di produttività nell'ordine del 3-8%[17]. Secondo un altro studio molto dettagliato, in Francia questi aumenti sarebbero pari al 5%[18]. Ecco chi sembra portare l'acqua al mulino dei promotori dei poli di competitività, se non fosse che lo stesso lavoro mostra anche che la maggior parte delle aziende è perfettamente consapevole dei vantaggi derivanti dall'agglomerazione, su uno stesso territorio, con altre imprese operanti nel medesimo settore di attività. Non c'è bisogno di incitarle ad avvicinarsi geograficamente. Ciò significa che gli episodi di concentrazione territoriale delle imprese avvengono «spontaneamente», senza che l'intervento del potere pubblico sia davvero necessario. Pertanto, nella migliore delle ipotesi, la politica dei poli di competitività ha soltanto un effetto molto marginale sulla composizione del tessuto industriale francese. Inoltre, questi dati globali mascherano grandi differenze tra i vari settori. In Francia alcuni comparti (come la chimica o l'industria automobilistica) beneficiano effettivamente della concentrazione geografica, mentre altri, al contrario (come l'industria della plastica)[19], traggono vantaggi dalla *dispersione* territoriale che consente loro di insediarsi in bacini di occupazione in cui i costi della manodopera sono più contenuti. La scelta dei settori e delle aziende verso cui i finanziamenti pubblici sarebbero più efficaci non è dunque per nulla scontata.

D'altronde, le amministrazioni locali fanno di tutto per attirare le aziende e raccogliere il maggior numero di finanziamenti per il loro territorio. Le pressioni politiche e le reti svolgono un ruolo fondamentale nella scelta dei fortunati beneficiari, senza tener conto dei reali bisogni delle singole aree. L'utilizzo efficace delle risorse investite non è la preoccupazione principale. Ed è quanto in effetti rivelano gli studi in materia. Per esempio, i «sistemi produttivi locali», lanciati nel 1999, avevano lo stesso obiettivo dei poli di competitività: sovvenzionavano progetti collaborativi di aziende di un medesimo settore ubicate nella stessa area geografica, generalmente il dipartimento o il bacino di occupazione. Il loro impatto è stato valutato raffrontando le performance di imprese che avevano beneficiato dei finanziamenti con quelle di aziende simili che non ne avevano ricevuti[20]. Innanzitutto risulta che il più delle volte sono le società *in crisi* ad aver tratto vantaggio dai sistemi produttivi locali. Nulla di sorprendente in tutto ciò: le aziende in difficoltà sono quelle che si mobilitano di più per percepire gli aiuti pubblici. Ne va della loro sopravvivenza. Sfortunatamente, è stato anche evidenziato che i sussidi stanziati non hanno consentito a tali imprese di recuperare.

Una sintesi dei lavori di valutazione delle politiche a sostegno dei raggruppamenti aziendali (le cosiddette politiche delle aggregazioni, o *cluster* se si preferisce la terminologia anglosassone) conferma tali conclusioni: l'intervento dei poteri pubblici *attraverso* la sovvenzione e la selezione di progetti specifici non migliora davvero la performance delle aziende[21]. Questo non vuol dire che le amministrazioni non debbano agire. Ma invece di erogare sovvenzioni a favore di progetti specifici, dovrebbero piuttosto creare un contesto favorevole alla mobilità delle aziende, della manodopera e degli organismi di formazione e ricerca tramite politiche adeguate nei settori dei trasporti, dell'immobiliare e dell'edilizia residenziale.

Le favole dell'industria

I grandi imprenditori dell'industria cercano di proteggersi dalla concorrenza scontrandosi con Bruxelles o difendendo con fermezza il bisogno di una «politica industriale» di cui sarebbero i paladini (e i beneficiari). Talvolta possono anche tentare di accrescere i margini sui concorrenti sfruttando a proprio vantaggio le politiche di riduzione del costo del lavoro avviate dalle amministrazioni pubbliche. Nel 2012,

Louis Gallois, presidente del consiglio di sorveglianza di PSA Peugeot-Citroën, si è messo in luce in questa direzione consegnando al Primo ministro dell'epoca, Jean-Marc Ayrault, una relazione intitolata *Patto per la competitività dell'industria francese*, conosciuta come «rapporto Gallois». La proposta più importante mirava a provocare uno «shock di competitività» attraverso una diminuzione di circa 30 miliardi di euro dei contributi sociali che pesano sulle retribuzioni inferiori a tre volte e mezza lo Smic. In seguito al rapporto Gallois, Jean-Marc Ayrault ha creato il CICE (credito d'imposta per la competitività e l'occupazione) che, *tramite* un meccanismo incredibilmente complesso di credito d'imposta, è volto ad abbassare gli oneri delle aziende unicamente sulle retribuzioni inferiori a *due* volte e mezza lo Smic, e non a *tre* volte e mezza lo Smic, come auspicava il rapporto Gallois. Ma 2,5 anziché 3,5 cambia decisamente le carte in tavola per il settore industriale, in cui lo stipendio di molti lavoratori si colloca a un livello compreso *tra* le due volte e mezza e le tre volte e mezza lo Smic. Per questo comparto la manna dei miliardi di riduzione degli oneri si annunciava nettamente più risicata del previsto.

Sfortunatamente per Louis Gallois, il consenso della ricerca economica non lascia spazio ad ambiguità: per creare un numero massimo di posti di lavoro, le riduzioni dei contributi devono concentrarsi in prossimità del salario minimo, ossia sui lavoratori poco qualificati con un tasso di disoccupazione elevato, sicuramente non sulle retribuzioni molto distanti dallo Smic che sono le più frequenti nel settore industriale. Un abbassamento degli oneri sugli stipendi più alti dei dipendenti qualificati, fascia caratterizzata da un tasso di disoccupazione contenuto, comporta essenzialmente un aumento dei loro salari[22]. Questo risultato è facilmente comprensibile: un lavoratore che può trovare un impiego senza grande difficoltà è in una posizione di forza per «trasformare» una riduzione dei contributi sociali per il datore di lavoro in un aumento di stipendio per sé stesso. L'elemento fondamentale per il datore di lavoro è che non si alzi il costo del lavoro, vale a dire la somma degli oneri sociali e del salario.

Per convincere a concentrare il CICE su un'ampia forbice di salari, Louis Gallois ha fatto affidamento sulla Fabrique de l'industrie, un think tank creato nel 2011 dall'Unione delle industrie metallurgiche (UIMM). Quest'ultima è una delle organizzazioni più importanti del Medef[23]. Nel 2014 il suo ex presidente, Denis Gautier-Sauvagnac, è stato condannato a tre anni di reclusione, di cui uno con la condizionale – pena poi ridotta in appello a due anni con libertà vigilata – per aver sottratto quasi 19 milioni di euro tra il 2000 e il 2007. In gran parte queste somme erano trasferite ai sindacati dei lavoratori con lo scopo di «facilitare il dialogo sociale», per citare la dichiarazione stessa di Gautier-Sauvagnac. Nel 2016 La Fabrique de l'industrie è co-presieduta da Gallois e da un altro pezzo grosso dell'industria francese, Denis Ranque, presidente del consiglio di amministrazione di Airbus Group. È organizzata come un «laboratorio di idee creato affinché la riflessione collettiva sulle questioni industriali acquisisca maggiore portata e qualità». Come è risaputo, le realtà dei tempi moderni sono «complesse e sfumate». La Fabrique de l'industrie propone dunque di organizzare «il confronto dei punti di vista e delle analisi» con lo scopo, evidentemente, di «renderle intelligibili». Dietro queste belle parole, che presentano già gli ingredienti abituali della retorica negazionista, si cela il vero fine di tale organizzazione: promuovere gli interessi del settore industriale.

La produzione di una pseudoscienza in grado di mettere in dubbio il consenso stabilito dalla comunità dei ricercatori è una costante della strategia negazionista. Lo scopo è sempre di far credere che vi sia un dibattito, anche quando non ve ne è alcuno. Nel 1954, gli industriali del tabacco hanno così creato un «Comitato di ricerca dell'industria del tabacco», il TIRC (Tobacco Industry Research Council), rinominato dieci anni più tardi CTR (Council for Tobacco Research). È scomparso nel 1998, ma nel frattempo ha prodotto parecchi «studi» sugli effetti del fumo e finanziato centinaia di programmi di ricerca nelle università americane e straniere. In realtà organismi di questo tipo sono semplicemente strutture di lobbying che sfruttano gli orpelli del discorso scientifico per influenzare l'opinione pubblica e dunque i decisori politici. Le loro produzioni servono innanzitutto a fornire ai mass media «informazioni» apparentemente credibili e in grado di insinuare il dubbio sul consenso scientifico stabilito dalla comunità dei ricercatori.

Per tentare di recuperare la manna del CICE, La Fabrique de l'industrie ha messo in atto una strategia degna dell'industria del tabacco del secolo scorso. Essa consiste nel contestare i risultati della ricerca economica «normale» utilizzando uno studio di controllo che ha tutte le sembianze di un lavoro scientifico realizzato da un accademico. A differenza della scienza normale, la pseudoscienza non ha bisogno di un numero elevato di studi sottoposti alle critiche minuziose di ricercatori competenti e indipendenti per pervenire a una conclusione. Al contrario, è meglio dare spazio a un solo «esperto», o a un solo studio, per sfidare il consenso. Egli appare dunque come il cavaliere bianco che, in solitudine, ha il coraggio di affrontare il «politically correct» o l'«ortodossia dominante». Tale missione è affidata a Gilles Koléda, docente all'Institut universitaire de technologie di Tours. Nel 2015, egli pubblica sotto l'egida della Fabrique de l'industrie un lungo studio intitolato «Allégements du coût du travail: pour une voie favorable à la compétitivité française» («Riduzioni del costo del lavoro: per un percorso favorevole alla competitività francese»). Tale saggio raffronta gli effetti di un alleggerimento degli oneri sui salari inferiori a 1,6 volte lo Smic con quelli di uno sgravio sugli stipendi compresi tra 1,6 e 3,5 volte lo Smic. Contrariamente al consenso esistente, perviene alla conclusione che i due scenari producono all'incirca lo stesso risultato in termini di occupazione, ma la scelta del secondo si rivela più favorevole alla crescita e alla competitività a lungo termine. Cosa che dovrebbe rallegrare il settore industriale.

La prefazione di questo studio è firmata dai due co-presidenti della Fabrique de l'industrie, Louis Gallois e Denis Ranque. Tra le altre cose, vi si può leggere che il «ragguardevole» lavoro di Gilles Koléda «rompe il consenso e ha il pregio considerevole di rilanciare un dibattito necessario». Spezzare il consenso, rilanciare il dibattito... i nostri due prefatori recitano i mantra abituali del negazionismo scientifico. Sulla scia della pubblicazione del rapporto di Koléda, numerosi mass media aprono le loro porte a Gallois. Sul quotidiano *Les Échos* del 23 giugno 2016 egli dichiara che «tra gli economisti e i politici esiste un consenso molle sugli alleggerimenti degli oneri». È strano definire «molle» un consenso. Un consenso scientifico non è né duro né molle, in quanto si limita a riportare lo stato delle conoscenze in un dato momento. L'utilizzo di questo aggettivo mira a connotare negativamente l'idea stessa di un consenso. Si oppone a virile, trasgressivo, coraggioso... tutte qualità che è necessario avere per opporsi al pensiero unico. Nello stesso giorno, Gallois confida al giornale *Le Figaro* che, in occasione della redazione del suo rapporto del 2012, aveva già avuto «un'intuizione differente» da quella del consenso degli economisti e che gli era sembrato «più efficace concentrarsi sui salari intermedi», ma all'epoca non esisteva un'«analisi scientifica a sostegno di questo parere». E per concludere Gallois esclama: «Oggi ce l'ho!».

Gallois è un grande visionario. Solo, nel suo ufficio, ha avuto «l'intuizione» che il consenso della ricerca economica fosse erroneo. Fortunatamente la sua strada si è incrociata con quella di un audace accademico a cui egli ha dato i mezzi per realizzare un «ragguardevole» studio, riducendo in polvere il consenso degli economisti. Deliberatamente, non faremo in questa sede alcuna critica sul lavoro di Koléda, in quanto è proprio ciò a cui mira l'offensiva della Fabrique de l'industrie: far credere che esista un dibattito di fondo tra uno studio, quello di Koléda, e il consenso degli economisti. Il cavaliere bianco, da solo contro la macchina, a frantumare le menti del «pensiero unico». Peccato che il dibattito scientifico non funzioni in questo modo. Per esservi ammesso, il contributo di Koléda dovrebbe essere oggetto di un articolo pubblicato su una rivista internazionale, in cui si trovano appunto i lavori grazie ai quali si è pervenuti al consenso. Quel contributo sarebbe allora valutato in modo approfondito dai migliori esperti in materia. Tutti gli studi che non hanno seguito tale procedura di *peer review* non hanno alcun valore nel dibattito scientifico, e non devono dunque essere in ogni caso considerati. Commentare uno studio commissionato da un gruppo di pressione, pubblicato da questa stessa lobby e che ha bypassato il percorso della *peer review* significherebbe cadere nella trappola della retorica negazionista in ambito scientifico.

Gallois fu invitato a esporre la sua posizione su numerosi mezzi di comunicazione, e le conclusioni dello studio di Koléda furono riprese e commentate su alcuni importanti giornali che le contrapposero, il più delle volte in modo neutrale, a quelle del consenso degli economisti. Si riapriva così il dibattito sulle riduzioni degli oneri. Era esattamente lo scopo perseguito dall'offensiva di Gallois e dell'UIMM: fare in modo che l'industria recuperasse la maggior quota possibile dei 20 miliardi del CICE. Secondo le ultime notizie, si prevede di trasformare integralmente il CICE in un dispositivo classico di abbassamento degli oneri sociali[24]. Tanto per cominciare, dal primo aprile 2016 i contributi per gli assegni familiari sono stati diminuiti di 1,8 punti sugli stipendi compresi tra 1,6 e… 3,5 volte lo Smic. Gallois può guardare al futuro con serenità.

Note

[1] Fernand Braudel, *La Dynamique du capitalisme*, Paris, Arthaud, 1985, pp. 60-61 (trad. it. *La dinamica del capitalismo*, Bologna, Il Mulino, 2008[2]).

[2] Questo paradosso è al cuore del libro di Raghuram Rajan, Luigi Zingales, *Saving Capitalism from the Capitalists*, Princeton, Princeton University Press, 2004 (trad. it. *Salvare il capitalismo dai capitalisti*, Torino, Einaudi, 2004). È piuttosto semplice da comprendere: la concorrenza giova alla stragrande maggioranza delle persone, ma in modo limitato per ciascuno. In compenso, può comportare perdite considerevoli per una piccola minoranza. Quest'ultima ha tutto l'interesse di mobilitarsi per salvaguardare i suoi benefici, cosa che invece non accade per la stragrande maggioranza, poiché i benefici che ciascuno trae dalla concorrenza sono limitati. I governi cedono spesso dinanzi al potere di disturbo di tali minoranze. L'esempio dei taxi è emblematico.

[3] Ovvero gli anni che vanno dalla fine della seconda guerra mondiale alla metà degli anni Settanta [*N.d.T.*].

[4] James Schmitz, «What Determines Productivity? Lessons from the Dramatic Recovery of the U.S. and Canadian Iron Ore Industries Following Their Early 1980s Crisis», Journal of Political Economy, 113(1), 2005, pp. 582-625.

[5] Si veda Raghuram Rajan e Luigi Zingales, *Saving Capitalism from the Capitalists, cit.*, pp. 228-232.

[6] Questo meccanismo si verifica molto spesso: la capacità di mobilitazione politica delle vittime è in genere maggiore di quella dei beneficiari. Inoltre, non sarebbero stati toccati tutti gli operai, ma tutti erano minacciati.

[7] Gary Hufbauer, Ben Goodrich, *Steel Protection and Job Dislocation*, Washington, Institute for International Economics, febbraio 2003.

[8] Già amministratore delegato e poi presidente onorario del gruppo Saint-Gobain, nel momento in cui esce questa edizione è presidente di Claude Bernard Participations, Vice-President di BNP-Paribas e membro del consiglio di amministrazione di Vivendi (si veda il profilo su www.bloomberg.com) [*N.d.T.*].

[9] Nel 2014, il Tribunale dell'Unione Europea ha abbassato questa multa da 880 a 715 milioni di euro.

[10] Si veda l'articolo di Dominique Gallois, Cédric Pietralunga «Compétitivité: le rapport Beffa-Cromme remis jeudi à Hollande et Merkel», pubblicato sul quotidiano *Le Monde* il 29 maggio 2013.

[11] Si tratta della proposta 23 della relazione.

[12] Si veda il capitolo IV del loro libro, *Dix idées qui coulent la France*, Paris, Flammarion, 2013.

[13] Paris, La documentation Française (www.ladocumentationfrancaise.fr), gennaio 2005.

[14] Reint Gropp, Christian Gruendl, Andre Guettler, «The Impact of Public Guarantees on Bank Risk Taking: Evidence from a Natural Experiment», *Review of Finance*, 18, 2014,

pp. 457-488. Si veda anche Reint Gropp, Andre Guettler, Vahid Saadi, «Public Bank Guarantees and Allocative Efficiency», mimeo, 2015.

[15] Si veda il capitolo 1.

[16] Ultimo dato aggiornato al mese di gennaio 2014.

[17] Stuart S. Rosenthal, William C. Strange, «Evidence on the Nature and Sources of Agglomeration Economies», in Vernon Henderson, Jacques-François Thisse (eds), *Handbook of Regional and Urban Economics*, Volume 4: *Cities and Geography*, Amsterdam, Elsevier North Holland, 2004, pp. 2119-2171; si veda anche sull'argomento Gilles Duranton, Philippe Martin, Thierry Mayer, Florian Mayneris, *Les Pôles de compétitivité, que peut-on en attendre?*, Paris, Éditions Rue d'Ulm, 2008.

[18] Philippe Martin, Thierry Mayer, Florian Mayneris, «Spatial Concentration and Firm-Level Productivity in France», *Journal of Urban Economics*, 69(2), 2011, pp. 82-195.

[19] Si veda Duranton, Martin, Mayer Mayneris, *Les Pôles de compétitivité*, cit., p. 63.

[20] Philippe Martin, Thierry Mayer, Florian Mayneris, «Public Support to Clusters: a Firm Level Study of French Local Productive Systems», *Regional Science and Urban Economics*, 41, 2011, pp. 108-123.

[21] Gilles Duranton, «California Dreamin': the Feeble Case for Cluster Policies», *Review of Economic Analysis*, 3, 2011, pp. 3-45.

[22] Si tratta di un risultato classico confermato da numerosi studi. Indica che, per i dipendenti con una retribuzione superiore al salario minimo, le riduzioni dei contributi hanno fondamentalmente l'effetto di aumentare gli stipendi se l'offerta di lavoro è poco sensibile al salario, come nel caso qui considerato, in particolare per i lavoratori qualificati. Sull'argomento si vedano le sintesi di Lawrence Katz, «Wage Subsidies for the Disadvantaged», in Richard Freeman, Peter Gottschalk (eds), *Generating Jobs*, New York, Russell Sage Foundation, 1998, pp. 21-53; Daniel Hamermesh, «Do Labor Costs Affect Companies' Demand for Labor?», *IZA World of Labor*, 3, 2014; e Pierre Cahuc, Stéphane Carcillo, André Zylberberg, *Labor Economics*, Cambridge-Londres, MIT Press, 2014, capitolo III.

[23] L'equivalente francese di Confindustria [*N.d.T.*].

[24] Nel momento in cui va in stampa questa edizione italiana, il CICE risulta ancora applicato ai salari che non superano 2,5 volte lo Smic *[N.d.T.]*.

Capitolo 3

FINANZA, AMICA MIA

La finanza rende immensi servigi agli uomini politici, soprattutto durante le campagne elettorali e i periodi di instabilità. Dandola in pasto alla vendetta popolare, il successo è garantito. Nessuno ha dimenticato le parole conclusive pronunciate da François Hollande, il 22 gennaio 2012, nel discorso tenuto al Parc des expositions du Bourget per il lancio della sua campagna presidenziale: «In questa battaglia che comincia, vi dirò chi è il mio avversario, il mio vero avversario. Non ha un nome, non ha un viso [...] ciononostante governa. Questo avversario è il mondo della finanza». Circa quarant'anni prima, François Mitterrand aveva utilizzato la stessa antifona per conquistare il partito socialista in occasione del congresso di Épinay nel giugno del 1971. In uno stile più letterario ma altrettanto violento, aveva esclamato che «il vero nemico, per non dire il solo», è rappresentato da «tutti i poteri del denaro: il denaro che corrompe, il denaro che compra, il denaro che distrugge, il denaro che uccide, il denaro che rovina, e il denaro che fa marcire perfino la coscienza degli uomini».

L'omologazione della finanza non è appannaggio della sinistra. Nel 2008, in piena crisi, Nicolas Sarkozy dichiarava: «Una certa idea di globalizzazione termina con la fine di un capitalismo finanziario che aveva imposto la sua logica a tutta l'economia e aveva contribuito a corromperla [...]». In occasione della campagna presidenziale del 1995, Jacques Chirac aveva espresso un giudizio ancor più severo: «Da quasi quindici anni, il funzionamento del sistema porta a privilegiare la speculazione, gli investimenti privi di rischi, gli abusi di posizione a discapito del lavoro, dell'investimento, delle forze vive della nazione

[...]. L'economia reale è stata sacrificata a vantaggio della finanza, non cercate altrove la causa principale della disoccupazione»[1].

La finanza è accusata di essere scollegata dall'economia «reale», quella delle fabbriche e dei lavoratori, di essere decontestualizzata, di non essere altro che un casinò dove ciò che un giocatore perde viene vinto dall'altro. Per Chirac è addirittura la causa principale della disoccupazione. Lo Stato deve pertanto assumere il controllo e «addomesticare» la finanza. Concretamente ciò significa che deve gestire l'allocazione delle risorse finanziarie sostituendosi agli istituti privati. Fondamentalmente è Papa Francesco a esprimere meglio questa posizione. Facendo riferimento alla crescita delle disuguaglianze, egli afferma che questo «squilibrio procede da ideologie che difendono l'autonomia assoluta dei mercati e la speculazione finanziaria. Perciò negano il diritto di controllo degli Stati, incaricati di vigilare per la tutela del bene comune. Si instaura una nuova tirannia invisibile, a volte virtuale, che impone, in modo unilaterale e implacabile, le sue leggi e le sue regole». Inoltre, aggiunge: «il denaro deve servire, non governare»[2].

Per gran parte del mondo politico, degli intellettuali più illustri, addirittura della Chiesa per voce del Santo Padre, sembrano imporsi la condanna della finanza e il bisogno che lo Stato riprenda il controllo. Ma questa posizione ha davvero qualcosa a che vedere con le nostre conoscenze? Siamo sicuri degli effetti nefasti della finanza? Soprattutto, sussistono motivi validi per credere che i poteri pubblici sarebbero in grado di fare meglio?

La rivoluzione «liberale» di Pierre Bérégovoy

Fino all'inizio degli anni Ottanta il sistema finanziario francese era pilotato dal Tesoro[3], vale a dire dallo Stato. Scopo ufficiale del Tesoro era orientare il risparmio e i crediti verso settori ritenuti prioritari dal potere pubblico. A tal fine definiva una gamma di finanziamenti a tassi privilegiati, i cosiddetti prestiti «agevolati», e disponeva di una rete di istituti – comprendente le banche di deposito, i servizi finanziari postali, la Banque française du commerce extérieur e alcune grandi banche cooperative – che avevano il monopolio della distribuzione di tali prestiti. A tutto ciò si aggiungevano le nazionalizzazioni del dopoguerra: quelle della Banque de France, del Crédit Lyonnais, della Société Générale, della Banque nationale pour le commerce et l'industrie, del Comptoir d'escompte de Paris, nazionalizzazioni che avevano già accordato allo Stato un potere determinante nel sistema francese. Nel 1976 tale potere si è ulteriormente accresciuto con l'introduzione della «stretta creditizia» che fissava, per ciascuna banca, un limite mensile per il volume dei suoi crediti, con l'eccezione di quelli agevolati distribuiti dagli istituti facenti parte della rete del Tesoro! Naturalmente il risultato fu di accrescere il peso dei prestiti agevolati sul totale dei crediti e dunque di rafforzare ulteriormente la partecipazione dello Stato. Nel 1979 la metà dei crediti concessi al settore privato era rappresentata dai prestiti agevolati.

Nel 1982, poco dopo il suo insediamento, François Mitterrand nazionalizza le 39 principali banche di deposito e due società finanziarie (Paribas e Suez). Il controllo dello Stato sui flussi finanziari diventa quasi totale. Mentre alcuni settori dell'economia si deteriorano, le banche della rete del Tesoro salvano le aziende in difficoltà accordando loro nuovi prestiti agevolati, il tutto in nome della «tutela» dell'occupazione. Nel 1984 si contano 250 diversi programmi di finanziamento di questo tipo, i cui rispettivi tassi di interesse sono fissati in modo poco chiaro, nei fatti sotto l'influenza dell'attività di lobbying dei gruppi di pressione economici e politici. Pilotato in modo centralizzato e pedante dal Tesoro e minato da costi di gestione esorbitanti, il sistema diventa ingestibile e, per di più, non dà affatto prova di una qualche efficacia. Anzi, la bilancia dei pagamenti peggiora sensibilmente. François Mitterrand decide allora di cambiare rotta, dando ragione ai sostenitori del «rigore», come Jacques Delors, rispetto a quelli di un'«altra politica», come Jean-Pierre Chevènement. Nel luglio del 1984 il Primo ministro, Pierre Mauroy, è sostituito da Laurent Fabius che nomina Pierre Bérégovoy ministro dell'Economia e delle Finanze, carica che occuperà fino al marzo del 1986.

Numerosi osservatori, avvezzi alla mancanza di coraggio di cui spesso danno prova gli uomini politici, si aspettano allora lievi modifiche del sistema finanziario francese. Si pensa, in primo luogo, a un allentamento della stretta creditizia. Con stupore generale, Pierre Bérégovoy, affiancato dal suo capo di gabinetto Jean-Charles Naouri, ex studente della Harvard Business School e futuro

CEO del gruppo Casino, riforma radicalmente il sistema finanziario. A partire dal 1985 la maggior parte dei prestiti agevolati scompare e quelli che restano in vigore non sono più sotto il monopolio della rete del Tesoro. Viene abolita la stretta creditizia e il regime di controllo dei capitali istituito nel 1981 a difesa del franco è progressivamente eliminato. La svolta è decisiva. La Francia passa in poco tempo da un sistema finanziario totalmente regolamentato dallo Stato a uno in cui gli istituti bancari sono tra loro in concorrenza.

La finanza: casinò o fattore di crescita?

Quali sono state le conseguenze di questa riforma? Ha determinato un incremento dell'occupazione o della crescita? Per capirlo, uno studio ha messo a confronto l'evoluzione delle aziende che beneficiavano dei prestiti bancari agevolati con quella delle imprese che non ne avevano ricevuti[4]. A priori, la riforma non ha avuto alcun impatto su queste ultime (il gruppo di controllo), mentre lo ha avuto sulle prime, in quanto ha modificato profondamente le regole di assegnazione dei crediti (il gruppo campione). La questione sta allora nel confrontare la performance dei due gruppi. A tal fine, i ricercatori fanno riferimento a una grande quantità di informazioni estratte dagli archivi del ministero del Tesoro, da cui hanno ricavato un campione rappresentativo di circa 350.000 osservazioni relative al periodo 1978-1999. In questo modo, possono seguire l'andamento delle aziende, quotate e non, prima e dopo la riforma bancaria.

Che cosa è accaduto alle imprese che dipendevano maggiormente dai prestiti bancari agevolati (il gruppo campione)? I fallimenti più frequenti hanno riguardato proprio queste aziende; ma, tra di loro, quelle rimaste in attività sono anche le imprese che si sono riorganizzate maggiormente in seguito alla riforma e la cui performance è nettamente migliorata. Rispetto alle altre aziende, esse hanno limitato l'aumento della massa salariale e accresciuto la redditività. Dunque, il primo effetto è stato il seguente: se la sopravvivenza è più difficile per le imprese dipendenti dai prestiti bancari agevolati, si vedono emergere, tra le superstiti, aziende più efficienti e solide. Nel complesso, la riforma ha consentito alle imprese più redditizie di crescere ancora, mentre quelle che lo erano meno si sono ridimensionate. Le risorse sono state riallocate verso i progetti migliori. D'altra parte si osserva che dopo la riforma si sono intensificati gli *ingressi di nuove aziende*. Prima della riforma la distribuzione dei crediti lassista e orientata politicamente funzionava dunque come una *barriera all'ingresso*. Numerose opportunità di creazione di imprese non si sono materializzate perché i loro sostenitori sono stati scoraggiati; la concorrenza era sbilanciata, favorendo aziende già esistenti, poco efficienti, che però beneficiavano di condizioni di credito privilegiate. Questo studio ribalta l'idea che la finanza non sarebbe che un casinò privo di un vero impatto sull'economia reale e sulla crescita.

La riforma bancaria di Pierre Bérégovoy ha fatto dunque ripartire il processo di «distruzione creatrice», che è il motore della crescita. Secondo tale processo, individuato oltre sessant'anni fa da Joseph Schumpeter, l'innovazione è il volano dello sviluppo. Da allora numerose analisi hanno confermato le intuizioni dell'economista austriaco. Si può così constatare che in qualsiasi momento e in ogni luogo tutti i lavori sono soggetti a continue innovazioni, marginali o rivoluzionarie, il cui scopo ultimo è di migliorarne la produttività. L'introduzione dei codici a barre, per esempio, dispensa le cassiere dal digitare manualmente i prezzi. Grazie a tale innovazione, in un'ora di lavoro una cassiera può far passare il doppio o il triplo dei carrelli rispetto al passato. La sua produttività viene così raddoppiata o triplicata. Tutti i settori economici sono soggetti costantemente a grandi o piccole innovazioni e a modifiche del loro contesto. Per migliorare o semplicemente per mantenere la loro redditività, le aziende devono perciò innovare continuamente, provando nuovi metodi di produzione e di gestione del personale, o proponendo nuovi prodotti. Alcune innovazioni sono fruttuose, altre falliscono. Le imprese innovative sottraggono quote di mercato alle altre. Da tali sperimentazioni ha origine la crescita della produttività, che si traduce in redistribuzioni di posti di lavoro tra le aziende, ma anche al loro interno. In tal senso la distruzione di posti di lavoro è proprio l'espressione della creazione di valore aggiunto: in un'impresa si perdono posti di lavoro perché altri, più produttivi, vengono creati nella stessa impresa o altrove. È questa la logica del processo di distruzione creatrice. Un altro modo di enunciare la conclusione di Joseph Schumpeter consiste nel dire che saremmo collettivamente molto meno ricchi senza l'incessante movimento di creazione e distruzione di posti di lavoro. La prosperità dipende in gran parte dalla ridistribuzione del lavoro.

Il ruolo della finanza è di favorire tale movimento. Nel momento in cui ogni banca cerca di selezionare i progetti più innovativi, di controllarli e di accompagnarli, la finanza svolge il proprio ruolo. Dopo la riforma bancaria del 1984 i prestiti non venivano più accordati in modo massiccio secondo criteri poco trasparenti: le banche sono così entrate in concorrenza e hanno concesso maggiormente i loro finanziamenti in funzione della qualità stimata dei progetti. Non tutte le aziende hanno avuto accesso al credito: quelle più efficienti si sono viste proporre tassi allettanti, il che ha consentito loro di sviluppare ulteriormente l'attività e ha contribuito alla selezione. Al contrario, le imprese poco competitive che sopravvivevano soltanto grazie ai prestiti concessi al di fuori di ogni logica economica hanno dovuto chiudere i battenti. Il mercato finanziario ha dunque operato una selezione tra le molteplici domande provenienti da tutti i settori. Certamente gli operatori dei mercati finanziari possono sbagliarsi, e di certo alcuni progetti saranno dei fallimenti. Anzi, piuttosto spesso commettono degli errori. Ciononostante, questa coabitazione di successi e fallimenti determina una migliore ripartizione dei crediti e una migliore allocazione del risparmio rispetto a un sistema finanziario centralizzato che, nel migliore dei casi, è guidato da obiettivi lodevoli seppure insostenibili – come il mantenimento dei posti di lavoro in settori in crisi – ma il più delle volte, sfortunatamente, da fini clientelistici ed elettorali e da considerazioni politiche di parte.

Anche gli Stati Uniti, nel 1994, hanno conosciuto una riforma rilevante del settore bancario. Fino ad allora una banca registrata in uno Stato incontrava difficoltà ad aprire una filiale in un altro Stato. L'adozione dell'Interstate Banking and Branching Efficiency Act nel 1994 ha eliminato tale barriera autorizzando l'apertura di succursali in tutto il paese. Il cambiamento di legislazione del 1994 fornisce così il contesto di un «esperimento naturale» che consente di valutare l'impatto dell'apertura del settore bancario. Ne è derivata una maggiore concorrenza tra gli istituti, che si è tradotta in una ripartizione sensibilmente differente dei crediti e degli incrementi di produttività, in particolare per le imprese più piccole e le startup[5]. Tale constatazione corrobora quella relativa all'esperimento francese di liberalizzazione del settore bancario avviato da Pierre Bérégovoy: la concorrenza tra gli istituti di credito ha portato a selezionare i progetti delle aziende più efficienti a discapito di quelle in crisi, protette artificialmente da regolamenti che impedivano l'ingresso di nuovi operatori[6]. Tuttavia, non si dovrebbe concludere che qualsiasi «deregulation» sia giusta di per sé. Ce lo ricorda bene la gravissima crisi finanziaria del 2007-2008.

Pericolose deregolamentazioni

«Io credo che chi possiede una propria casa realizzi il sogno americano. E l'abbiamo visto ieri ad Atlanta, quando siamo andati a visitare le abitazioni dei nuovi proprietari. Innanzitutto abbiamo constatato l'orgoglio di un uomo che annunciava: benvenuti in casa mia. Non ha detto benvenuti nella casa del governo, non ha detto benvenuti nella casa del mio vicino; ha detto "benvenuti nella mia casa". Era un uomo fiero. Voglio che questo orgoglio sia presente in tutto il nostro paese.» Questo discorso di George W. Bush pronunciato nel 2002 rispecchia la politica abitativa statunitense che, a partire dagli anni Ottanta, si è adoperata per facilitare l'accesso al credito delle famiglie di estrazione modesta per consentire loro di divenire proprietarie[7]. Lo Stato federale ha finanziato due istituti pubblici, Fannie Mae e Freddie Mac, al fine di garantire i prestiti per i nuclei familiari a basso reddito il cui rischio di mancato rimborso era elevato: si tratta dei famosi prestiti «subprime». Questi erano concessi dalle banche e dalle casse di risparmio. Fannie Mae e Freddie Mac svolgevano il ruolo di compagnie assicurative coprendo i rischi di inadempienza. Dal momento che tali istituti si dimostravano poco esigenti sui criteri di solvibilità dei beneficiari, alcune banche si sono spinte fino a fornire informazioni erronee sui loro clienti. Hanno così concesso prestiti su vasta scala, senza tener conto a sufficienza della solvibilità dei debitori, poiché si aspettavano che Fannie Mae e Freddie Mac le avrebbero rimborsate in ogni caso. Sotto la pressione dei rappresentanti eletti che facevano dell'accesso all'abitazione dei nuclei familiari a basso reddito una priorità, l'amministrazione ha esercitato un controllo molto lassista sulle attività creditizie. Tutto contribuiva a formare una gigantesca montagna di crediti immobiliari sempre più rischiosi, destinata a crollare. Il responsabile non era il «mercato» sul quale le banche avrebbero ingaggiato una lotta ferrea per concedere a qualunque costo prestiti incerti: il responsabile era la *deregulation* di tale mercato. Poiché lo Stato svolgeva il ruolo di prestatore di ultima istanza, per giunta poco attento, non ci furono più limiti all'espansione dei crediti immobiliari. La «bolla» immobiliare ha finito per scoppiare segnando l'inizio della crisi finanziaria del 2007.

La Spagna ha conosciuto un'importante ondata di liberalizzazioni del settore bancario che, negli anni Ottanta, ha accresciuto le possibilità di offrire finanziamenti per le banche di deposito. Queste erano dirette da consigli di amministrazione composti da rappresentanti dei lavoratori, dei risparmiatori, degli investitori pubblici e privati così come delle comunità locali. La maggior parte dei membri di tali consigli non impegnavano le loro risorse personali e non subivano alcuna perdita in caso di fallimenti che venivano coperti dallo Stato. D'altronde, quest'ultimo aveva assegnato alle banche l'obiettivo di promuovere il risparmio in seno alle classi popolari e di investirlo per contribuire allo sviluppo regionale e socio-culturale. Il fatto che l'investimento fosse redditizio aveva un'importanza solo secondaria. La liberalizzazione ha determinato una fortissima espansione delle banche di deposito, che hanno concesso sempre più prestiti alle imprese edili, ai promotori immobiliari e ai nuclei familiari. Il numero dei loro dipendenti è aumentato del 60% tra la fine degli anni Ottanta e il 2008, e l'economia spagnola ha conosciuto un periodo di espansione, trainata dal settore immobiliare, che ha fatto passare la disoccupazione dal 24 all'8%. In assenza di misure di tutela le banche hanno erogato finanziamenti sempre più rischiosi che venivano rimborsati sempre meno. Tale concatenazione era più frequente quando i rappresentanti delle comunità locali avevano un peso più importante nei consigli di amministrazione[8]. Tutto ciò ha comportato un'espansione incontrollata dei crediti e un'allocazione catastrofica del risparmio. Il sistema bancario spagnolo è esploso con la crisi finanziaria del 2007.

La regolamentazione è un'arte difficile, soprattutto quando potenti lobby hanno tutti gli interessi a opporvisi, preferendo sfuggire alla pressione della concorrenza e beneficiare della protezione dello Stato. La Spagna e gli Stati Uniti ne sono buoni esempi, dimostrando che il mercato finanziario è in grado di erogare efficientemente i crediti soltanto se gli operatori impegnano le proprie risorse. In caso contrario, la catastrofe è inevitabile. «Mercato» non è pertanto sinonimo di assenza di regolamentazione. Al contrario, il mercato finanziario può adempiere correttamente alla propria funzione di distribuzione del risparmio soltanto sotto la supervisione di autorità indipendenti dal potere politico incaricate di controllare scrupolosamente la solvibilità dei partecipanti e di verificare che la concorrenza non sia fittizia.

Finanza e crescita: un legame vero o una «falsa certezza»?

Il *Manifeste d'économistes atterrés*[9], di cui abbiamo già parlato nel primo capitolo, identifica le cosiddette «false certezze» veicolate dal pensiero economico «dominante». Tra queste vi è l'assunto secondo cui «i mercati finanziari favoriscono la crescita economica». Il Manifesto non cita alcuno studio, ma sviluppa un ragionamento volto a spiegare il motivo per cui la finanza è alla fine sfavorevole alla crescita. La premessa di tale argomentazione sta nel potere della finanza e nella sua richiesta di rendimenti nell'ordine del 15-25% sui capitali investiti. Simili standard di redditività sono irrealistici, rallentano gli investimenti ed esercitano una pressione al ribasso sui salari. Il Manifesto conclude allora che la «frenata simultanea degli investimenti e dei consumi porta a un basso livello di crescita e a una disoccupazione endemica».

Come possiamo giudicare questo ragionamento? Esaminiamo innanzitutto gli ordini di grandezza annunciati in relazione alle esigenze di redditività attribuite alla «finanza». Riunendo semplicemente i dati del 2011 riguardanti le 3.500 maggiori società quotate negli Stati Uniti, risulta che il 27% di queste non registra alcun profitto mentre il 56% ha una redditività inferiore al 10%[10]. D'altra parte, l'Autorité des marchés financiers (AMF) ha calcolato che un investimento in azioni francesi effettuato nel 1998, e mantenuto per venticinque anni reinvestendo tutti i dividendi, ha avuto un rendimento annuo medio del 5,81%[11]. Si tratta di una cifra apprezzabile ma molto lontana dai rendimenti mirabolanti compresi tra il 15 e il 25%. Supponiamo comunque che, senza raggiungere valori simili, i ritorni attesi siano, per un motivo o per un altro, troppo elevati. In tale ipotesi numerosi progetti non potrebbero realizzarsi, non essendo sufficientemente redditizi. Essendo gli investimenti bloccati, le assunzioni rallenterebbero e l'economia entrerebbe così in una spirale negativa, determinando una crescita debole e un rialzo della disoccupazione. Tale ragionamento non è incoerente a priori. Ma la coerenza di un'argomentazione non prova nulla quanto alla validità delle sue conclusioni. Soltanto delle verifiche sperimentali basate sui metodi adeguati da noi descritti in precedenza consentono di invalidare o convalidare le conclusioni. Eppure, l'attuale consenso, riferendosi a oltre quarant'anni di ricerca sulla questione, è in netto contrasto con l'opinione degli Economisti Sgomenti[12], e giunge alla conclusione che un mercato finanziario concorrenziale controllato da autorità di regolamentazione indipendenti dal potere politico, con operatori privati responsabili delle proprie risorse, costituisce un mezzo efficace per investire i risparmi e favorire la crescita. La scelta di rifiutare le conclusioni di molteplici studi senza produrne di alternativi, raffrontabili in termini di convalida dei risultati, è ancora una volta indicativa di una forma di negazionismo.

Tutto ciò non avrebbe alcuna importanza se tale discredito sistematico del lavoro di produzione di conoscenze dell'economia «ortodossa» non avesse alcun impatto. Ma, come i climato-scettici, gli economisti «eterodossi» esercitano un'influenza sproporzionata, attivamente diffusa da alcuni dei nostri intellettuali che non temono i discorsi demagogici. Michel Serres, filosofo e membro dell'Académie française, termina il libro *Temps des crises*[13] confidandoci: «Ecco dunque il segreto del libro e della crisi: gli scarti che, spalancati, si aprono tra il casinò della borsa e l'economia reale». Régis Debray si spinge oltre. Intervistato dal giornale *La Croix* all'indomani dei sanguinosi attentati che colpirono Parigi nel gennaio del 2015, ritiene che la principale sfida sia ormai quella della riconquista dell'unità nazionale e aggiunge: «Il male è ciò che divide. Il capitalismo finanziario è diabolico».

Per contrastare gli «errori» della finanza, numerose organizzazioni si schierano a favore di un'imposta sulle transazioni finanziarie. In Francia, questa posizione è condivisa dai partiti di sinistra, ma anche dal Front National e da taluni movimenti detti sovranisti, come quello di Nicolas Dupont-Aignan. Il senatore Bernie Sanders ne ha fatto un asse portante della sua campagna in vista di rappresentare il partito democratico alle elezioni presidenziali americane del 2017, e la sua rivale infine vittoriosa, Hillary Clinton, non ha escluso di aderirvi. I malfunzionamenti del sistema finanziario sono reali, li abbiamo appena menzionati, ma siamo davvero sicuri che si debbano tassare le transazioni finanziarie perché tutto migliori miracolosamente?

Occorre tassare gli speculatori?

In Francia il primo sostenitore di un'imposta sulle transazioni finanziarie fu... Nicolas Sarkozy! Nel febbraio del 2012, quest'ultimo fece votare dall'Assemblea nazionale una legge che prevedeva un'imposta dello 0,1% sulla vendita di azioni. Tale legge è entrata poi in vigore nel maggio del 2012, sotto la presidenza di François Hollande. Per inciso, per segnare la differenza con il predecessore, l'aliquota è stata alzata allo 0,2%.

Gli economisti eterodossi sono evidentemente tra i più ferventi difensori di un'imposta sulle transazioni finanziarie. Anche la Chiesa si dichiara favorevole. In una nota del 24 ottobre 2011 del Consiglio Pontificio della Giustizia e della Pace si può leggere: «appare, quindi, opportuno riflettere, ad esempio: su misure di tassazione delle transazioni finanziarie [...]. Una tale tassazione sarebbe molto utile per promuovere lo sviluppo globale e sostenibile secondo principi di giustizia sociale e della solidarietà». Anche la maggioranza dell'opinione pubblica sostiene un'imposta di questo tipo. Secondo l'Eurobarometro della primavera del 2014, il 52% dei cittadini dell'area euro erano favorevoli. Questo dato era pari al 56% in Francia e al 72% in Germania; in compenso, ammontava ad appena il 26% nel Regno Unito, dove probabilmente l'attività della City ha la sua influenza.

È giustificato un simile entusiasmo per la tassazione delle transazioni finanziarie? Per rispondere a questa domanda occorre innanzitutto ricordare l'obiettivo di tale imposta. La maggior parte dei suoi sostenitori lo ha dimenticato. La considerano soprattutto una manna quasi illimitata per finanziare, secondo le priorità degli uni o degli altri, la transizione energetica, la lotta contro alcune malattie gravi o ancora lo sviluppo dei paesi più poveri. Ma questo non era lo scopo iniziale. In origine si trattava di rendere i mercati finanziari più efficienti diminuendone la «volatilità», ovvero le fluttuazioni imprevedibili del valore dei prodotti che vi venivano scambiati. La paternità di un'imposta sulle transazioni finanziarie va attribuita all'americano James Tobin, insignito del premio Nobel per l'economia nel 1981. È verso la metà degli anni Settanta che egli suggerì di applicare un'imposta sulle operazioni in valuta e, alcuni anni dopo, sull'insieme delle transazioni finanziarie, da cui la denominazione di «Tobin tax» utilizzata da allora[14]. Tuttavia, James Tobin non ha mai smesso di ripetere che la raccolta di risorse finanziarie non era l'obiettivo della sua proposta. Secondo lui, chi sosteneva questo punto di vista interpretava impropriamente il suo pensiero. D'altronde Tobin si è opposto apertamente a tutti i movimenti antiglobalizzazione che si ergevano ad alfieri della sua proposta. A differenza di tali organizzazioni, il suo obiettivo non era lottare contro i mercati finanziari, bensì renderli più efficienti! È Joseph Stiglitz, premio Nobel per l'economia nel 2001, anch'egli apprezzato dai movimenti antiglobalizzazione, ad aver spiegato più chiaramente, in un articolo pubblicato nel 1989, il motivo per cui la Tobin tax era in grado di migliorare l'efficienza dei mercati finanziari[15]. Seguiamo il suo ragionamento.

Per Stiglitz da un lato vi sono professionisti che passano il loro tempo a raccogliere il maggior numero di informazioni oggettive sulla situazione attuale e futura dei mercati dei beni e dei servizi, nonché su quella delle aziende che vi operano. Dall'altro troviamo operatori decisamente meno informati che cercano di mettere a segno dei «colpi» scommettendo quotidianamente su opportunità improbabili ma che possono fruttare molto. Stiglitz li chiama *noise traders*, letteralmente «gli operatori che fanno rumore». Ebbene, più *noise traders* vi sono sui mercati, meno la quotazione di una società rispecchia il suo valore a lungo termine, poiché le informazioni oggettive perdono di importanza. Per Stiglitz, un'imposta di scarsa entità dovrebbe avere un impatto limitato sulle operazioni effettuate dai professionisti informati che si concentrano sul valore a lungo termine delle società; in compenso dovrebbe frenare le transazioni imprevedibili e molto più frequenti dei *noise traders*. La Tobin tax dovrebbe dunque accrescere il peso degli operatori informati, che ragionano maggiormente sui valori a lungo termine. Stiglitz, come Tobin, si dichiara favorevole a un'imposta sulle transazioni finanziarie non per «guadagnare denaro laddove ve ne sia», ma per migliorare il funzionamento dei mercati finanziari. Questa posizione li colloca entrambi, di fatto, in opposizione alle opinioni della maggior parte dei sostenitori della Tobin tax.

Il ragionamento di Stiglitz è in linea di principio convincente, ma soltanto gli studi empirici possono far chiarezza sulla sua pertinenza nel descrivere la realtà del comportamento degli operatori sui mercati finanziari. Idealmente, studi del genere dovrebbero distinguere un gruppo campione che subisce una modifica della fiscalità e un gruppo di controllo escluso da tale cambiamento. Se per esempio ragionassimo sulla piazza finanziaria parigina, dovrebbero esistere due Borse gemelle, senza alcuna comunicazione tra loro, su cui dovrebbero essere quotate le medesime aziende. Si applicherebbe un'imposta sulle operazioni in una Borsa e non nell'altra, poi si confronterebbe l'evoluzione della volatilità delle quotazioni tra le due piazze. Evidentemente è impossibile predisporre un simile dispositivo sperimentale ma, per quanto possa sembrare strano, la Cina ha conosciuto un periodo di coabitazione tra Borse gemelle, isolate tra di loro, con imposizioni fiscali differenti sulle transazioni.

La Cina presenta la particolarità di avere le medesime aziende registrate alla Borsa di Hong Kong e alle due Borse della cosiddetta Cina continentale, cioè Shanghai e Shenzhen. D'altronde, esiste un controllo rigoroso sui movimenti di capitali tra Hong Kong e la Cina continentale, isolando *de facto* la prima Borsa dalla seconda. Infine, e soprattutto, la fiscalità cui sono assoggettate le transazioni finanziarie si è evoluta in modo differente nelle due entità geografiche. Così, le «imposte di registro», applicate sulle operazioni, sono state modificate sette volte tra il 1996 e il 2009 nella Cina continentale, mentre a Hong Kong, nello stesso periodo, non si sono praticamente mosse. Le due realtà forniscono un esperimento «naturale» che consente di analizzare la reazione dei corsi azionari a un'imposta sulle transazioni finanziarie.

Il campione dello studio[16] è composto da 53 società cinesi quotate su entrambe le Borse. Il gruppo campione segue le aziende quotate nella Cina continentale – quelle che hanno subito modifiche della legislazione sulle imposte di registro –, mentre il gruppo di controllo segue quelle quotate a Hong Kong che non hanno subito tali cambiamenti. In media, nel periodo 1996-2009, un aumento delle imposte di registro diminuisce la volatilità delle quotazioni di borsa in misura maggiore nel gruppo campione che in quello di controllo, e ciò è in linea con l'effetto atteso di una Tobin tax. Tuttavia, tale risultato cela nette differenze nel corso del tempo. Fino al 2005, periodo in cui gli investitori istituzionali erano poco presenti sul mercato, un aumento delle imposte di registro comportò senz'altro una diminuzione della volatilità. Ma tale rialzo al contrario la accrebbe a partire dal 2006, anno in cui gli investitori istituzionali cominciano a occupare un posto preponderante. Ciò è in contrasto con l'effetto previsto di una Tobin tax. Questi risultati definiscono le condizioni di validità delle teorie sviluppate dagli economisti: quando i professionisti informati sono poco numerosi rispetto ai *noise traders*, un'imposta sulle transazioni finanziarie diminuisce le attività inefficaci, in linea con le previsioni di Stiglitz. In compenso, nella fase di maturità, in cui il mercato è dominato da investitori informati, la Tobin tax riduce maggiormente il volume delle loro operazioni rispetto a quello dei *noise traders*, e la volatilità aumenta. Proprio ciò che hanno ipotizzato le analisi successive a quella di Stiglitz.

L'analisi economica, dunque, non si pronuncia unilateralmente a favore di una Tobin tax, soprattutto se questa si applica a mercati finanziari dominati dagli investitori istituzionali, come nel caso delle piazze finanziarie più importanti. Tuttavia, a partire dalla COP 21, la grande conferenza mondiale sul clima tenutasi a Parigi nel dicembre del 2015, un'imposta di questo tipo è rimasta ufficialmente all'ordine del giorno. Il presidente François Hollande ha dichiarato che la Francia si augurava che tali somme fossero impiegate nella lotta contro il riscaldamento climatico e grandi pandemie come l'AIDS. Tuttavia, altri paesi desiderano che esse servano semplicemente per aumentare il loro gettito fiscale e che ognuno conservi la libertà di utilizzarle a proprio piacimento.

A prescindere dalla forma che alla fine assumerà la Tobin tax, il suo obiettivo si riduce alla raccolta di fondi promettendo, nel migliore dei casi, di destinarli a nobili cause: una «Robin Hood tax», come è talvolta chiamata. La ragion d'essere di questa imposta, ossia la diminuzione della volatilità delle transazioni per migliorare l'efficienza dei mercati finanziari, è completamente scomparsa. Quel tema non viene più evocato. In precedenza abbiamo comunque visto che l'analisi economica non escludeva che alla fine tale obiettivo potesse realizzarsi, ma neppure il contrario. Ed è questa forse l'eventualità più probabile sui mercati maturi. In tal caso, la perdita di efficienza potrebbe essere controproducente per l'economia nel suo insieme. Essa potrebbe addirittura essere superiore al gettito previsto con l'applicazione della Tobin tax, tanto più che quest'ultima introdurrebbe una distorsione della concorrenza a favore delle piazze finanziarie che non hanno adottato l'imposta. Ma questa perdita per la collettività, diffusa e invisibile, senza una vittima chiaramente identificabile, non ha alcun sostenitore che la porti al centro dell'attenzione. Così non viene presa in considerazione nel processo delle decisioni politiche. Dal punto di vista elettorale è decisamente più proficuo offrire delle garanzie dimostrando di essere riusciti ad «addomesticare» la finanza.

Il lato oscuro della forza

L'insieme degli studi sulla finanza evidenzia come lo Stato non riesca a sostituirsi alle istituzioni finanziarie per allocare efficientemente le risorse derivanti dal risparmio dei privati e delle aziende. Un'economia sviluppata ha bisogno di un settore finanziario sofisticato in cui gli operatori agiscano secondo i loro interessi. Ciò non significa che le piazze finanziarie non debbano essere regolamentate, anzi... è necessario che lo siano come tutti gli altri mercati! La vera sfida è trovare la regolamentazione adeguata per ogni mercato. Un buon mezzo per riuscirci consiste nel moltiplicare gli studi condotti secondo i protocolli sperimentali adottati dalla comunità dei ricercatori da oltre vent'anni. Le loro conclusioni sono ben riassunte da Luigi Zingales, attualmente professore all'Università di Chicago, ritenuta il covo dell'ortodossia economica più intransigente. Nel discorso pronunciato in veste di presidente dell'American Finance Association per il 2014, affermava che «non esiste prova teorica o empirica che consenta di pensare che *tutti* gli sviluppi conosciuti dal settore finanziario nel corso degli ultimi quarant'anni abbiano apportato benefici all'insieme della società»[17]. Zingales sostiene che, per il momento, l'analisi economica e le ricerche applicate non hanno dimostrato che prodotti finanziari dai nomi talvolta esotici, come il *private equity market*, i *junk bond*, il mercato dei *future*, gli *swap* sui tassi di interesse, o ancora gli innumerevoli prodotti derivati abbiano avuto un effetto significativamente positivo sull'attività economica.

La stessa osservazione è riportata nel numero speciale del *Journal of Economic Perspectives* della primavera del 2013, pubblicato dall'American Economic Association, altro grande tempio dell'ortodossia economica secondo i suoi detrattori. Si tratta di affermazioni agli antipodi di un liberismo sfrenato! Difatti, è il pragmatismo a prevalere. Il miglior modo per pensare la regolamentazione dei mercati finanziari consiste dunque nel far riferimento ai risultati delle ricerche svolte secondo i protocolli sperimentali descritti in questo capitolo. Tali risultati possono essere rintracciati negli articoli comparsi sulle grandi riviste scientifiche internazionali. La selezione delle pubblicazioni è controllata dai migliori esperti che ne garantiscono la qualità, e sono inoltre verificate le possibilità di conflitto di interessi. Ciononostante, vengono comunque pubblicati risultati erronei, se non addirittura manipolati, e possono persistere situazioni di conflitto di interessi. Le maglie della rete non sono mai abbastanza strette. Resta il fatto che il funzionamento proprio delle discipline scientifiche, che impone regole sempre più restrittive in materia di conflitto di interessi e di valutazione delle pubblicazioni, rappresenta oggi il miglior baluardo contro la produzione di false conoscenze.

In fin dei conti, l'osservazione condotta sulla finanza non è molto differente da quella che si può fare in relazione ad altri ambiti fondamentali per il benessere della società come, per esempio, la sanità. Questi due settori sono utili ma hanno lati oscuri, per non dire nefasti. L'ambito sanitario è anche il luogo di continue innovazioni i cui benefici non sempre trovano conferma. Alcuni farmaci non hanno alcun principio attivo superiore ai precedenti; imbrogliano dunque i consumatori così come certi prodotti finanziari sofisticati ingannano un pubblico poco competente. Benché siano utili alla società, questi due settori sono contaminati dai conflitti di interessi, dalle frodi e dagli abusi. Madoff[18] è peggio di Servier[19]? In entrambi i settori il progresso arriverà da un maggior numero di rigorose ricerche applicate, di valutazioni indipendenti e di sanzioni sui conflitti di interessi. Si fa tuttavia fatica a immaginare un candidato alla presidenza della Repubblica salire in tribuna e proclamare: «In questa battaglia che infuria, il mio vero avversario è l'industria farmaceutica». Smettiamo dunque di prestare attenzione ai discorsi demagogici sulla finanza. È meglio ascoltare i ricercatori competenti in materia. Hanno molto da insegnarci.

Note

[1] Intervista al quotidiano *Les Échos* del 16 gennaio 1995.

[2] Papa Francesco, esortazione apostolica *Evangelii Gaudium* (24 novembre 2013).

[3] Il Tesoro designa l'insieme degli amministratori che gestiscono le risorse finanziarie dello Stato.

[4] Marianne Bertrand, Antoinette Schoar, David Thesmar, «Banking Deregulation and Industry Structure: Evidence from the French Banking Reforms of 1985», *The Journal of Finance*, LXII(2), 2007, pp. 597-628.

[5] Karthik Krishnan, Debarshi Nandy, Manju Puri, «Does Financing Spur Small Business Productivity? Evidence from a Natural Experiment», NBER Working Paper n. 20149, maggio 2014.

[6] Si veda anche il caso tedesco di cui parliamo nel capitolo 2.

[7] Per ulteriori dettagli sugli argomenti sviluppati in questo paragrafo, si veda Raghuram Rajan, *Fault Lines. How Hidden Fractures Still Threaten the World Economy*, Princeton-Oxford, Princeton University Press, 2010 (trad. it. *Terremoti finanziari. Come le fratture nascoste minacciano ancora l'economia globale*, Torino, Einaudi, 2012). Il discorso di G.W. Bush vi è citato a pagina 37. Raghuram Rajan è professore di Finanza alla Booth School of Business presso la University of Chicago; è stato governatore della Banca centrale indiana dal 2013 al 2016 e, tra gli altri incarichi, Chief Economist e Director of Research del Fondo Monetario Internazionale dal 2003 al 2006.

[8] Manuel Illueca, Lars Norden, Udell Gregory, «Liberalization and Risk Taking: Evidence from Government-Controlled Banks», *Review of Finance*, 18, 2014, pp. 1217-1257; e *Spain: The Reform of Spanish Savings Banks Technical Notes*, IMF Country Report n. 12/141.

[9] Si veda la nota 6 del capitolo 1.

[10] Questi dati sono riportati nel capitolo V del libro di Augustin Landier, David Thesmar, *Dix idées qui coulent la France*, cit.

[11] Autorité des marchés financiers (AMF), *Lettre économique et financière 2013-4*, 16 dicembre 2013.

[12] Un panorama molto completo di tali studi è riportato nel contributo di Ross Levine, «Finance and Growth: Theory and Evidence», in Philippe Aghion, Steven Durlauf (eds), *Handbook of Economic Growth*, vol. 1A, Amsterdam, Elsevier, 2005.

[13] Michel Serres, *Temps des crises*, Paris, Le Pommier, 2012 (trad. it. *Tempo di crisi*, Torino, Bollati Boringhieri, 2010).

[14] James Tobin, «A Proposal for International Monetary Reform», *Eastern Economic Journal*, 4, 1978, pp. 153-159, e «On the Efficiency of the Financial System», Lloyd Bank Review, 1984, pp. 1-15.

[15] Joseph Stiglitz, «Using Tax Policy to Curb Speculative Short-term Trading», *Journal of Financial Services Research*, 3(2-3), 1989, pp. 101-115.

[16] Yongheng Deng, Xin Liu, Shang-Jin Wei, *One Fundamental and Two Taxes: When Does a Tobin Tax Reduce Financial Price Volatility?*, NBER Working Paper n. 19974, marzo 2014.

[17] Luigi Zingales, *Does Finance Benefit Society?*, NBER Working Paper n. 20894, gennaio 2015. Corsivo nostro.

[18] Investitore e finanziere americano, nel 2009 Bernard Madoff è stato condannato a 150 anni per quella che è considerata la truffa più grande della storia. Si veda, per esempio http://www.borsaitaliana.it/notizie/sotto-la-lente/madoff.htm [*N.d.T.*].

[19] Jacques Servier (1922-2014), presidente e fondatore del gruppo farmaceutico che porta il suo nome, nel 2011 finì sotto processo con altri dirigenti del gruppo con l'accusa di aver nascosto la pericolosità del Mediator, farmaco contro il diabete, cui sarebbe stata riconducibile la morte di diverse centinaia di persone. Noto per il suo cinismo, Servier morì prima che si arrivasse a sentenza [*N.d.T.*].

Capitolo 4

UN'IMPOSIZIONE FISCALE DAVVERO ECCESSIVA?

Le contestazioni sulle imposte costellano la storia di Francia a partire dal Medioevo. Senza andare così indietro, ricordiamo fino a che punto fu difficile l'introduzione di un'imposizione sul reddito, approvata da una legge del 15 luglio 1914 dopo una lunga battaglia, iniziata nel 1880, nel corso della quale videro la luce oltre duecento diversi progetti. Paul Leroy-Beaulieu, professore al Collège de France e figura di spicco del liberismo, fu uno degli oppositori più accaniti. In un articolo pubblicato sulla *Revue des Deux Mondes* nel 1907, scriveva che l'imposta sul reddito «unisce il massimo dell'ineguaglianza (dovuta a dissumulazioni ed evasioni) al massimo dell'arbitrarietà e dell'inquisizione [...]. L'imposta personale e progressiva sul reddito, a prescindere dalla sua forma e dalla sua aliquota iniziale, deve essere implacabilmente osteggiata e risolutamente rifiutata [...] mai si dovrà inoculare nella nostra democrazia il *virus* dell'imposta personale e progressiva sul reddito»[1].

Alla fine, la legge del 15 luglio 1914 instaura un'imposta progressiva sul reddito con un'aliquota di prelievo massimo pari al... 2%! Un dato che fa riflettere, se pensiamo ai nostri standard attuali in cui l'aliquota marginale di imposta sullo scaglione superiore di reddito arriva al 45%[2]. Alla vigilia della prima guerra mondiale, i prelievi obbligatori (la somma di tutte le imposte e dei contributi sociali) rappresentavano circa l'11% del prodotto interno lordo[3]. Da allora sono sensibilmente aumentati fino a collocarsi oltre il 44% del Pil. Ma tutto ciò non è avvenuto senza contraccolpi.

All'inizio degli anni Cinquanta, in Francia, si intensificano i controlli fiscali sulle piccole attività commerciali. Piovono le ammende, e si susseguono i fallimenti così come i suicidi. Il 22 luglio 1953 scoppia la rivolta, quando Pierre

Poujade, cartolibraio e assessore comunale di Saint-Céré, nel dipartimento del Lot, si frappone fisicamente con altri ventitré commercianti della sua città all'ingresso degli agenti del fisco nei negozi, impedendo qualsiasi controllo contabile. Il caso di Saint-Céré segna l'inizio di una lunga serie di incidenti simili, che si manifestano molto rapidamente in oltre la metà dei dipartimenti francesi. La popolazione difende a spada tratta i piccoli commercianti. Pierre Poujade diventa il simbolo e il capo di una rivolta fiscale la cui portata è rimasta ineguagliata fino a oggi. Poujade tiene numerosi comizi in tutta la Francia. Col suo talento da oratore fa meraviglie. Inveisce contro «lo Stato vampiro» e la sua «Gestapo fiscale». Nel 1955 dichiara uno «sciopero dall'imposta», un atto grave per la legge francese; i suoi uomini però non lo seguono. Lo sciopero è un fallimento, ma questo non gli impedisce, il 2 gennaio 1956, di far entrare cinquantadue deputati nell'Assemblea nazionale sotto l'egida dell'«Union et fraternité française», il partito che egli ha appena creato. Tra questi cinquantadue vi è un certo Jean-Marie Le Pen. Pierre Poujade è uno dei rarissimi uomini politici ad aver dato il proprio nome a un movimento di pensiero: il *poujadismo* designa ancora oggi una mescolanza di antiparlamentarismo e rivendicazioni corporativiste a favore dei «piccoli» contro i «grandi», tra i quali in prima fila lo Stato fa da spauracchio, soffocando l'iniziativa privata con la sua volontà di riscuotere sempre e controllare di più. Il movimento comincia a estinguersi nel 1958 con l'arrivo al potere del generale de Gaulle. Il gaullismo scaccia il poujadismo e i prelievi obbligatori continuano ad aumentare fino ai giorni nostri.

La condanna dell'imposta è un leitmotiv dei gruppi di pressione, che chiedono continuamente nuovi esoneri col pretesto di rilanciare l'attività, e spesso l'hanno vinta. Ne sono la prova le centinaia di «scudi fiscali». Il progetto di legge finanziaria per il 2015 ne identifica 453, per un costo di 82 miliardi, ossia il 4% del Pil: un costo più alto del gettito dell'imposta sul reddito, che tocca il 3,4% del Pil. Che cosa si può pensare dell'«esenzione degli utili forfettari derivanti dalla tartuficoltura per quindici anni a partire dalla piantumazione» (costo: un milione di euro)? Dell'«esenzione, nel limite del 14,5% del massimale della Previdenza Sociale, delle somme percepite dagli arbitri e dai giudici sportivi» (costo: ventisette milioni di euro)? Del «credito d'imposta a favore dei migliori professionisti della ristorazione tradizionale» (costo: quattro milioni di euro)? Dell'«esenzione fiscale applicabile ai supercarburanti e alle benzine consumati in Corsica» (costo: un milione di euro)? Della «riduzione dell'aliquota dell'imposta interna di consumo sui carburanti utilizzati dai taxi» (costo: ventisei milioni di euro)? Del «credito d'imposta a favore dei rivenditori di tabacco» (costo: tre milioni di euro)? L'imposta sarebbe dunque a tal punto dannosa per l'attività economica da giustificare l'esistenza di questi 453 «scudi fiscali»?

Il caso dell'Islanda che elimina l'imposta sul reddito

Alla fine del 1986, l'Islanda ha modificato la propria modalità di prelievo dell'imposta sul reddito. Fino a quel momento, analogamente a quanto avviene in Francia, ciascun individuo pagava, nel corso di un anno, le imposte corrispondenti ai redditi dei dodici mesi precedenti. Così, nel 1986, gli islandesi hanno pagato le imposte calcolate sulla base dei guadagni percepiti nel 1985. A partire dal 1° gennaio 1988 questo sistema è stato abbandonato a favore di un prelievo alla fonte. Da allora, ogni mese i redditi sono decurtati dell'imposta relativa al reddito del mese precedente. E così nel 1988 gli islandesi hanno pagato le loro imposte sulla base di quanto percepito nel 1988. Nel 1987 è stato il vecchio sistema a prevalere: in quell'anno gli islandesi hanno dunque pagato imposte calcolate sulla base del reddito del 1986. Che cosa ne è stato allora dei redditi del 1987 e, soprattutto, come li hanno tassati? Il governo islandese ha optato per la soluzione più semplice: nessuna imposta era dovuta sui redditi percepiti in quell'anno. Una decisione radicale che non è tuttavia sinonimo di un «buco» nelle entrate dello Stato. Nel 1987 vi è un gettito fiscale, ovvero le imposte pagate sui redditi percepiti nel 1986. D'altronde, per il 1988 la continuità delle entrate è garantita dall'istituzione del prelievo alla fonte a partire dal 1° gennaio di quell'anno.

Se è vero che l'imposizione fiscale scoraggia l'attività, dovremmo aspettarci che gli islandesi abbiano lavorato di più nel 1987, quando nessun reddito risultava imponibile, rispetto al 1986 e al 1988, anni in cui i redditi erano tassati. Il follow-up di un campione di 9.724 persone rappresentativo della popolazione attiva islandese mostra che il numero di settimane lavorate nel 1987 è effettivamente cresciuto del 6,7% rispetto alla media del 1986 e del 1988[4]. A una riduzione dell'imposta corrispondente a un incremento del 2% dello stipendio netto annuo si accompagna in media una mezza settimana di lavoro in più. Ciò significa che una persona il cui reddito passa da 2.000 a 2.040 euro al mese a seguito di un taglio della fiscalità lavora una mezza settimana in più all'anno[5]: tale è l'effetto prodotto da una riduzione mensile di 40 euro dell'imposta sul reddito. E questo effetto è ancora più marcato per le persone i cui redditi erano soggetti a un'imposizione superiore al 40%. La quantità di lavoro svolto è perciò sensibile a una modifica delle aliquote. Non si può certo dire che la pressione fiscale non abbia alcun impatto sull'attività.

Meno imposte sui redditi incoraggiano a lavorare di più. È questo il bilancio dell'esperienza islandese. Ma quella sul reddito non è che un'imposta tra le altre. In Francia, per esempio, rappresenta soltanto il 20% del gettito fiscale. L'esperienza islandese non fornisce indicazioni sugli effetti di una modifica di altre componenti della fiscalità, come l'Iva o l'imposta sul reddito delle società. Finora non esiste un «esperimento naturale» che riguardi il sistema tributario nel suo insieme. In mancanza di meglio si potrebbe pensare di confrontare l'evoluzione dei paesi che modificano poco la loro fiscalità con quella di altri che la cambiano spesso. Ma i sistemi sociali, sia che si tratti del funzionamento del mercato del lavoro, dell'ampiezza del settore pubblico o ancora, per esempio, della struttura del sistema scolastico, sono talmente differenti da un paese all'altro che sarebbe impossibile isolare ciò che compete alla fiscalità da ciò che riguarda tutto il resto.

In effetti è difficile individuare un legame di causa-effetto tra una misura fiscale e l'attività economica dal momento che tale misura è presa in funzione dello stato – attuale o previsto – della congiuntura. È la congiuntura infatti a influenzare la politica fiscale e non il contrario. Per rintracciare le misure fiscali che non sono prese in funzione della congiuntura, gli economisti americani Christina e David Romer hanno adottato un approccio «narrativo», che consiste nell'analizzare tutti i documenti ufficiali che elencano le modifiche del sistema fiscale dal 1945 al 2007[6]. Questi documenti provengono da molteplici fonti, in particolare dalla Casa Bianca, dal Congresso, dal Senato e dagli archivi della

Previdenza sociale. Le misure fiscali sono classificate in base ai *motivi* della loro attuazione (i testi ufficiali dettagliano con precisione tali ragioni). Nel corso di questo lavoro certosino, sono stati sistematicamente scartati tutti gli interventi fiscali dettati direttamente o indirettamente dalla congiuntura. In tale categoria rientrano tutte le misure prese a causa di una recessione attuale o prevedibile e quelle adottate esplicitamente per incrementare la spesa pubblica. Vengono conservate soltanto quelle di natura «ideologica», decise per esempio per ridurre le ineguaglianze o per accrescere la competitività tra le aziende. Così, Ronald Reagan ha abbassato le imposte all'inizio degli anni Ottanta pensando in tal modo di favorire la crescita a lungo termine mentre, al contrario, Bill Clinton le ha aumentate nel 1993 perché credeva di poter ottenere il medesimo risultato riducendo il deficit pubblico. In conclusione, Christina e David Romer ricavano una serie completa delle modifiche fiscali «ideologiche», preferendo chiamarle cambiamenti «esogeni», in contrapposizione a quelli «endogeni», direttamente correlati alla congiuntura.

Un aumento della pressione fiscale «esogena» non ha praticamente alcun effetto su un orizzonte temporale di due trimestri. In compenso ha un impatto molto rilevante a medio termine: un incremento della fiscalità equivalente all'1% del prodotto interno lordo determina, nel corso dei tre anni successivi, un calo del Pil del 3%. In seguito, gli effetti cominciano a dissolversi. L'applicazione dello stesso metodo nel Regno Unito produce risultati analoghi[7]: un aumento della fiscalità pari all'1% del Pil nel corso di un anno si traduce, a distanza di un triennio, in una riduzione del 2,5% del prodotto interno lordo (3% negli Stati Uniti).

Per curiosità, applichiamo questi risultati alla recente politica fiscale della Francia. In quattro anni, tra il 2010 e il 2014, i francesi hanno visto le loro imposte crescere di 60 miliardi di euro, ossia di 0,75 punti di Pil annui. Ciò significa che ogni anno, approvando un aggravio fiscale di questa portata, i rappresentanti francesi hanno votato al tempo stesso per una perdita della crescita accumulata di 2,25 punti di Pil per il triennio successivo[8].

Questi studi indicano che la pressione fiscale ha un impatto negativo sulla crescita a medio termine. Riguardano tuttavia la fiscalità nel suo insieme: non fanno distinzioni tra le reazioni delle diverse categorie di contribuenti. I «ricchi» rivestono un interesse molto particolare, poiché sono loro, in linea di principio, a essere i più tassati. Sono dunque tali gruppi a contestare maggiormente l'imposta sul reddito, minacciando di espatriare se questa dovesse aumentare troppo. Ma queste minacce sono credibili? Certo, se guardiamo l'esempio dei calciatori professionisti e di alcuni top manager.

Perché i calciatori cambiano squadra?

Jean-Marc Bosman è nato il 3 ottobre 1964 a Liegi. Selezionato nella squadra nazionale giovanile belga di calcio, ne è diventato il capitano. In seguito ha avuto un'onorevole carriera da calciatore professionista come centrocampista dello Standard Liegi, poi del Royal Football Club Liegi, due società di prima divisione del campionato belga. La sua vita cambia radicalmente nel 1990. Alla scadenza del contratto con il Royal Football Club Liegi, gli viene proposta una proroga, ma con una forte riduzione del compenso. Bosman rifiuta l'offerta e trova un accordo con una società di seconda divisione del campionato francese, l'Union sportive du littoral de Dunkerque. Secondo il regolamento dell'epoca, per qualsiasi trasferimento, anche per un giocatore al termine del contratto, è necessaria l'autorizzazione della società di provenienza; inoltre a quest'ultima il nuovo club deve versare un indennizzo. Ma le trattative tra le due società non portano a nulla e alla fine il Royal Football Club Liegi si oppone al passaggio di Bosman all'Union sportive du littoral de Dunkerque. Il calciatore si ritrova senza una squadra e dunque nell'impossibilità di svolgere la sua professione. Si rivolge allora alla giustizia belga e poi, dopo alcune peripezie, porta la questione dinanzi alla Corte di Giustizia delle Comunità Europee (CGCE) – divenuta la Corte di Giustizia dell'Unione Europea in seguito al trattato di Lisbona entrato in vigore nel 2009 – sostenendo che le regole relative ai trasferimenti non sono conformi al diritto comunitario. Il sistema delle quote instaurato dall'organo direttivo del calcio europeo, la Union of European Football Association, meglio conosciuta con l'acronimo UEFA, fa parte di tali norme. Ebbene, questo sistema proibiva a tutti i club europei di avere in squadra più di tre giocatori stranieri cittadini della Comunità Europea. Se la CGCE avesse dichiarato illegale questo sistema, sarebbe stato compromesso l'intero edificio del calcio professionistico europeo. Ed è ciò che si verificò.

Il 15 dicembre 1995 la CGCE pronuncia la sua decisione con quella che fu immediatamente battezzata «sentenza Bosman». All'ex giocatore del Royal Football Club Liegi viene data ragione su tutta la linea. La Corte ritiene che il regolamento UEFA non sia compatibile con la libera circolazione delle persone sul suolo europeo, come è previsto dal trattato di Roma del 1957. In seguito a tale sentenza alla scadenza del contratto i giocatori sono liberi di entrare nel club da loro scelto, senza la necessità di chiedere l'autorizzazione alla società di provenienza e di versare alcun indennizzo. Al tempo stesso, fatto non meno importante, la sentenza Bosman abolisce il sistema delle quote: il numero di giocatori stranieri con cittadinanza nell'Unione Europea ammessi in un club non è più limitato a tre. È una vera e propria rivoluzione. Una società europea di calcio può così arruolare tutti i giocatori stranieri che desidera. Alcuni anni dopo, la formazione delle squadre di due club di prima divisione inglese, l'Arsenal e il Chelsea, arriverà a non contare più alcun calciatore britannico.

Zinédine Zidane, Cristiano Ronaldo o Franck Ribéry devono la loro gloria sportiva – e la loro fortuna materiale – al talento, ma anche allo scontro di un modesto giocatore belga con i regolamenti UEFA. Per tragica ironia della sorte, Jean-Marc Bosman non trarrà mai alcun beneficio personale dalla lotta che ha combattuto. Al contrario, dopo la rottura con il Royal Football Club Liegi la sua vita si trasforma in una lunga discesa negli inferi. Avendo portato la sua società in tribunale, diventa una «pecora nera» nell'ambiente del calcio. Tante porte gli sono precluse. Sarà tuttavia accolto in alcuni club poco conosciuti, come Saint-Quentin, Charleroi o Saint-Denis de La Réunion, prima di dare il definitivo addio al calcio. Per lui comincia un periodo buio, accompagnato da alcoolismo e depressione. Solo e senza lavoro, nel 2015 viveva con meno di 600 euro al mese di indennità.

Quali sono le motivazioni che portano un calciatore di alto profilo a scegliere dove giocare? Se diamo credito alle interviste rilasciate da alcune star, l'aspetto finanziario è sempre meno importante del «progetto» proposto dalla società e dell'attrattiva di giocare in un campionato prestigioso. Forse questo può essere vero per alcuni giocatori, ma qual è la tendenza generale? Le somme sborsate per i trasferimenti riguardano più i club che i calciatori. Questi ultimi sono interessati principalmente alla loro retribuzione e alle imposte cui è soggetta. Questa ha forse un'influenza sulla decisione di entrare in un club piuttosto che in un altro? D'altra parte, alcuni paesi non hanno forse modificato il loro regime fiscale con l'esplicito scopo di attirare i giocatori migliori? La Spagna è il caso più emblematico. Nel 2005 viene promulgato il decreto reale 687 che consente ai residenti stranieri che lavorano nel regno e che percepiscono oltre 600.000 euro all'anno di beneficiare di un'aliquota fiscale del 24% invece del 43% cui sono assoggettati gli spagnoli. Questo decreto è meglio conosciuto con il nome di «legge Beckham» perché fu la stella del Manchester, David Beckham, a beneficiarne per primo in occasione del suo trasferimento al Real Madrid. Il decreto è stato poi abrogato nel 2010.

Il confronto tra le decisioni di dove giocare da parte dei calciatori che passano nella prima divisione dei quattordici maggiori campionati europei prima della sentenza Bosman e quelle successive a tale provvedimento mostra che il livello di imposizione fiscale esercita effettivamente un'influenza sulla scelta del club[9]. Questo fattore ha anche un peso importante: in media, un paese che riduce del 10% l'aliquota fiscale sui redditi molto alti aumenta del 2% il numero di giocatori stranieri che passano nel suo campionato. Questo incremento arriva sino al 5% per i calciatori stranieri del campionato spagnolo che sono stati selezionati almeno una volta nella propria squadra nazionale. Le differenze di imposizione fiscale svolgono dunque un ruolo non trascurabile nella mobilità dei calciatori professionisti. Una parte importante quanto il «progetto» della nuova società? Può darsi...

Perché i top manager cambiano (talvolta) paese?

Le scelte dei calciatori non hanno nulla di straordinario. Le differenze di politica fiscale tra i paesi influenzano infatti la scelta di dove andare di tutti i lavoratori provvisti di competenze che consentano loro di aspirare a remunerazioni elevate. La Danimarca ha potuto sperimentarlo. Nel 1992 questo paese ha adottato un regime fiscale particolare per i lavoratori stranieri che avevano firmato un contratto dopo il

1° giugno 1991: un'aliquota fiscale media sui redditi del 30% per tre anni, per poi passare al 55% comune a tutti i lavoratori danesi. Per beneficiare del tasso preferenziale del 30%, occorreva inoltre che i redditi fossero superiori a una soglia molto elevata. Approssimativamente, il dipendente straniero con questi requisiti faceva parte dell'1% dei lavoratori meglio pagati del paese.

Tra il 1980 e il 1990, dunque prima dell'introduzione di un regime fiscale privilegiato, il numero dei lavoratori stranieri con un reddito superiore alla soglia dell'1% dei guadagni più elevati è rimasto stabile rispetto a quello dei dipendenti di altri paesi le cui entrate si collocavano appena sotto questo limite[10]. Al contrario, dopo il 1991, il numero di lavoratori stranieri con un reddito superiore alla soglia cresce in confronto a quello del secondo gruppo. L'impatto dell'imposizione fiscale è considerevole: dopo la riforma fiscale si conta quasi il quadruplo di dipendenti stranieri con guadagni molto elevati. La quota degli stranieri all'interno dello 0,5% di chi è meglio retribuito è passata dal 4 al 7,5% sotto l'influenza di tale misura.

Gli spostamenti dei calciatori e dei lavoratori altamente qualificati illustrano bene l'influenza dell'imposizione fiscale sulla scelta di dove andare. Questi professionisti possono esercitare il loro talento laddove il regime fiscale è più vantaggioso, evitando così di assolvere le imposte nel paese di origine. Il timore di perdere queste entrate giustifica forse la scelta di «adeguare» il regime fiscale per i redditi più elevati?

La fuga dinanzi all'imposta...

La sensibilità del reddito imponibile dei contribuenti francesi più ricchi alle variazioni dell'aliquota fiscale cui sono assoggettati è stata al centro di uno studio di Thomas Piketty del 1999[11], secondo cui tali contribuenti rappresentano l'1% dei nuclei al vertice della distribuzione dei redditi. Piketty ha utilizzato le modifiche del quoziente familiare derivanti dalle riforme fiscali del 1981 e del 1986 per costruire dei gruppi campione toccati dalle riforme e dei gruppi di controllo, simili ai primi, che però non avevano subito alcuna influenza. Per esempio, alcune famiglie monoparentali benestanti, con 1,5 o

2 parti di quoziente familiare e collocate in una fascia assoggettata a un'aliquota fiscale del 40% nel 1980, l'anno successivo si sono ritrovate in uno scaglione assoggettato a un'aliquota del 55%. Al contrario, per i single con un reddito identico ma con una sola parte di quoziente familiare le imposte non sono cambiate.

Le entrate derivanti dalle imposte applicate all'1% dei nuclei più agiati sembrano poco sensibili ai cambiamenti di regime fiscale. Tassare i più ricchi sarebbe dunque un buon mezzo per aumentare il gettito. La diminuzione delle entrate provocate da diverse forme di evasione e di ottimizzazione fiscale conseguenti a un innalzamento delle imposte gravanti sui più abbienti, sarebbe ampiamente compensata dall'aumento del gettito ottenuto dai contribuenti di tale categoria che non hanno la possibilità di sfuggire all'incremento delle imposte o che vi si adattano. Si potrebbe allora essere indotti a spingere oltre la pressione fiscale per accrescere le entrate, se non che la massa dei redditi imponibili diminuisce innalzando l'aliquota fiscale e oltre una certa soglia «l'imposta uccide l'imposta». Questo detto è stato riportato all'ordine del giorno da Arthur Laffer, uno dei consiglieri economici del presidente Reagan, al punto che oggi si parla di «effetto Laffer» per indicare che un aumento delle imposte, spinto oltre un certo limite, finisce per diminuire il gettito fiscale. La Francia è verosimilmente molto lontana da questa situazione. Utilizzando tutti i dati raccolti per il suo studio, Piketty ha calcolato che l'effetto Laffer comincerebbe a innescarsi nel momento in cui l'aliquota marginale d'imposta superasse l'80%, dunque molto al di sopra del tasso del 45% applicato nel 2015 allo scaglione superiore dell'imposta sul reddito.

Numerosi studi condotti da diversi decenni hanno fatto progredire le nostre conoscenze sulla pertinenza di questo famoso «effetto Laffer»[12]. Per esempio, dal momento che le riduzioni d'imposta introdotte dall'amministrazione Reagan negli anni Ottanta non hanno toccato nello stesso modo tutte le fasce di reddito, è possibile rilevarne l'impatto confrontando l'evoluzione dei redditi di chi ha tratto vantaggio da deboli tagli fiscali con quella di chi ha goduto di riduzioni più sensibili[13]. Risulta che coloro che guadagnavano oltre 100.000 dollari all'anno pagano *meno* imposte quando la loro aliquota marginale d'imposta supera il 63%. L'effetto Laffer, dunque, esiste davvero negli Stati Uniti ma si manifesta soltanto per aliquote fiscali molto alte.

Una ricetta scandinava

La sensibilità dei redditi imponibili alla tassazione è la stessa in tutti i paesi? L'analisi delle riforme del sistema fiscale danese offre una risposta chiarificatrice: in Danimarca questa sensibilità è da *4 a 5 volte più debole* che negli Stati Uniti[14]!

Tali risultati sono curiosi. Quando le aliquote fiscali aumentano, i danesi (e gli abitanti dei paesi del Nord Europa in generale) non sembrano inclini, o lo sono molto poco, a dissimulare il loro reddito, a «ottimizzare» le loro dichiarazioni ovvero a praticare l'evasione fiscale. Gli scandinavi sarebbero allora più virtuosi degli altri popoli? Probabilmente no. Un severo controllo fiscale su 20.000 famiglie danesi selezionate a caso[15] rivela che non esiste praticamente alcuna evasione se i redditi sono dichiarati da una parte terza (per esempio, il datore di lavoro): in tal caso la quota dei redditi non dichiarati non supera l'1%. Al contrario i redditi «autodichiarati» sono oggetto di una forte evasione, pari al 42%. Sembrerebbe che i danesi reagiscano esattamente come gli americani (o i latino-americani). «Frodano» più o meno nella stessa misura se ne hanno la possibilità, mentre non lo fanno – o lo fanno limitatamente – se sanno che verranno sanzionati o che rischiano di esserlo.

Non sarebbero dunque delle ipotetiche virtù morali superiori a spiegare la scarsissima sensibilità del reddito imponibile all'aliquota fiscale in Danimarca. La ragione fondamentale è che il 95% dei redditi è dichiarato da parti terze: i datori di lavoro riportano al fisco i guadagni dei dipendenti, e il settore finanziario fa la stessa cosa con i redditi da capitale. Per il 95% degli importi dichiarati esistono pertanto possibilità limitate di dissimulazione o di evasione fiscale. La dichiarazione da parte di un terzo è un sistema molto efficace di lotta all'evasione e inoltre è molto meno costosa dei controlli *a posteriori* da parte degli agenti del fisco.

La seconda ragione è che esistono scarsissime possibilità di ridurre le proprie imposte ricorrendo a «scudi fiscali»[16]. In un sistema che autorizza molte detrazioni, qualsiasi rialzo dell'aliquota marginale d'imposta induce a sfruttare le possibilità di sgravio, per esempio gonfiando le spese professionali non imponibili, le donazioni o i benefici in natura, investendo in progetti immobiliari accuratamente scelti ecc.

Ricapitolando, aumentare l'imposizione fiscale ha sicuramente un effetto negativo sulla crescita, tutt'altro che trascurabile. Questo non significa che l'imposta debba essere eliminata, essendo indispensabile per finanziare un numero elevato di beni collettivi, ma che il prezzo da pagare è una minor crescita. Occorre perciò riflettere bene sull'utilità di ogni spesa pubblica prima di approvarla. Da ciò dipende il «consenso» all'imposta. Oggi, le indagini sullo stato d'animo dei francesi rilevano che tale consenso non è scontato: molti cittadini non sono convinti dell'utilità di una grande fetta della spesa pubblica.

Il consenso all'imposta è inoltre fortemente ostacolato da tutte le forme di evasione fiscale di cui godono i redditi elevati grazie a diversi tipi di esenzione o scudo fiscale, oppure alla possibilità di trasferirsi allo scopo di pagare meno tasse. Uno dei principali ostacoli al consenso sull'imposta è l'evasione fiscale, legale e illegale. I paesi scandinavi lo hanno superato imponendo la dichiarazione della quasi totalità dei redditi da parte di soggetti terzi e un numero limitato di scudi fiscali. La Francia dovrebbe trarne ispirazione. Per essere davvero efficace, questa soluzione avrebbe bisogno di un allineamento dei regimi fiscali nazionali e la cooperazione di tutti i paesi al fine di realizzare un sistema informativo aperto che registri l'insieme delle transazioni a livello mondiale[17]. L'entità e il gran numero di conti nascosti venuti a galla con il caso dei «Panama Papers», dopo quello dei «Luxembourg Leaks» dimostrano che siamo ancora lontani dalla meta.

Note

1 Paul Leroy-Beaulieu, «Le Projet d'impôt personnel et progressif sur le revenu et le droit fiscal moderne», *Revue des Deux Mondes*, 5° période, 1907, t. XXXIX, pp. 314-350. Corsivo nostro.

2 I massimali d'imposta hanno subito sensibili oscillazioni nel corso del XX secolo, toccando la soglia del 90% nel 1924. Si veda Mathias André, Malka Guillot, *1914-2014: cent ans d'impôt sur le revenu*, nota IPP n. 12, luglio 2014.

3 Secondo i calcoli di Christine André e Robert Delorme nel loro libro *L'État et l'économie*, Paris, Seuil, 1983.

4 Marco Bianchi, Björn Gudmundsson, Gylfi Zoega, «Iceland's Natural Experiment in Supply-Side Economics», *American Economic Review*, 91(5), 2001, pp. 1564-1579.

5 Tale risultato è compatibile con quello stabilito dai lavori di sintesi sulla sensibilità dell'offerta di lavoro alle variazioni delle imposte, la cui conclusione è che un aumento

dell'1% dell'aliquota fiscale media induce una diminuzione dell'offerta di lavoro dello 0,5%. Si veda Raj Chetty, Adam Guren, Day Manoli, Andrea Weber, «Are Micro and Macro Labor Supply Elasticities Consistent? A Review of Evidence on the Intensive and Extensive Margins», *American Economic Review*, 101, 2011, pp. 471-475.

[6] Christina Romer, David Romer, «The Macroeconomic Effects of Tax Changes: Estimates Based on a New Measure of Fiscal Shocks», *American Economic Review*, 100, 2010, pp. 763-801. Dal 28 gennaio 2009 al 3 settembre 2010 Christina Romer ha presieduto il Council of Economic Advisers, la cerchia ristretta degli economisti consiglieri del presidente Barack Obama.

[7] James Cloyne, «Discretionary Tax Changes and the Macroeconomy: New Narrative Evidence from the United Kingdom», *American Economic Review*, 103(4), 2013, pp. 1507-1528.

[8] Secondo le stime americane, un aumento della fiscalità dell'1% nel corso di un anno si traduce in una perdita di crescita del 3% nei tre anni seguenti. Un aumento della fiscalità dello 0,75% in un anno dovrebbe dunque comportare una perdita di crescita dello 0,75 x 3 = 2,25% nei tre anni seguenti.

[9] Henrik Kleven, Camille Landais, Emmanuel Saez, «Taxation and International Mobility of Superstars: Evidence from the European Football Market», *American Economic Review*, 103(5), 2013, pp. 1892-1924.

[10] Henrik Kleven, Camille Landais, Emmanuel Saez, Esben Schultz, «Migration and Wage Effects of Taxing Top Earners: Evidence from the Foreigners' Tax Scheme in Denmark», *Quarterly Journal of Economics*, 129(1), 2014, pp. 333-378.

[11] Thomas Piketty, «Les hauts revenus face aux modifications des taux marginaux supérieurs de l'impôt sur le revenu en France, 1970-1996», *Économie et prévision*, n. 138, 1999, pp. 25-60.

[12] L'articolo di Emmanuel Saez, Joel Slemrod, Seth Giertz, «The Elasticity of Taxable Income with Respect to Marginal Tax Rates: a Critical Review», *Journal of Economic Literature*, 50(1), 2012, pp. 3-50, offre una sintesi critica di queste ricerche.

[13] Si veda Jon Gruber, Emmanuel Saez, «The Elasticity of Taxable Income: Evidence and Implications», *Journal of Public Economics*, vol. 84, 2002, pp. 1-32.

[14] Henrik Kleven, Esben Schultz, «Estimating Taxable Income Responses Using Danish Tax Reforms», *American Economic Journal: Economic Policy*, 6(4), 2014, pp. 271-301.

[15] Henrik Kleven, Martin Knudsen, Claus Kreiner, Søren Pedersen, Emmanuel Saez, «Unwilling or Unable to Cheat? Evidence from a Tax Audit Experiment in Denmark», *Econometrica*, 79(3), 2011, pp. 651-692.

[16] Questo punto è ben illustrato da Klevenm, Schultz, «Estimating Taxable Income Responses», cit.

[17] Si veda sull'argomento il libro di Gabriel Zucman, *La Richesse cachée des nations: enquête sur les paradis fiscaux*, Paris, Seuil, 2013 (trad. it. *La ricchezza nascosta delle nazioni: indagini sui paradisi fiscali*, Torino, Add, 2017).

Capitolo 5

LE RICETTE DI KEYNES: FUNZIONANO, MA NON SEMPRE!

Il 17 febbraio 2009, dinanzi alla gravità della recessione conseguente alla crisi finanziaria, Barack Obama firma il Recovery Act, cioè un assegno da 787 miliardi di dollari, equivalente a oltre il 5% del Pil americano! Il Recovery Act finanzia infrastrutture, l'istruzione, la sanità, la produzione di energia, contiene numerosi incentivi fiscali e incrementa diversi sussidi sociali. Queste spese devono aiutare gli indigenti a superare la più grave recessione dalla fine della seconda guerra mondiale, ma anche a rilanciare l'economia. Il Recovery Act si ispira direttamente alla dottrina keynesiana: in periodo di recessione, occorre aumentare la spesa pubblica per creare sbocchi per le aziende, così da stimolare le assunzioni e gli investimenti. Questi ultimi generano redditi che producono a loro volta nuovi sbocchi. Si innesca in tal modo il circolo virtuoso del «moltiplicatore keynesiano». È questo affascinante meccanismo a giustificare le politiche di rilancio tramite la domanda pubblica. In sostanza, un euro in più di spesa pubblica dovrebbe tradursi in un aumento del Pil di *oltre* un euro. Rilancio tramite la spesa pubblica e deficit di bilancio sono diventati i pilastri della dottrina keynesiana[1].

Il Recovery Act ha suscitato accesi dibattiti. Paul Krugman, premio Nobel per l'economia nel 2008, lo ritiene utile ma molto al di sotto delle aspettative perché «non copre neppure un terzo del buco»[2]. In altri termini, Krugman rimprovera al Recovery Act di non adottare misure sufficienti per il rilancio tramite la spesa pubblica. Al contrario, in un articolo finanziato dal Cato Institute, un potente think tank liberista, e pubblicato sul *New York Times* e sul *Wall Street*

Journal, duecento economisti tra i quali tre premi Nobel – James Buchanan, Edward Prescott e Vernon Smith – dichiarano di «non credere che un aumento del genere sia un mezzo per migliorare la performance economica» ma che «i decisori politici dovrebbero concentrarsi sulle riforme in grado di eliminare gli ostacoli che frenano il lavoro, il risparmio, l'investimento e la produzione. Una riduzione delle tasse e del peso dello Stato è la migliore politica fiscale per favorire la crescita».

A prima vista gli economisti non escono bene da questo dibattito. Come si può dar loro fiducia se persino dei premi Nobel hanno pareri così divergenti a proposito di una recessione che mette a repentaglio milioni di posti di lavoro? Le conoscenze in materia economica sarebbero così fragili da ridurre il tutto a una questione di opinioni? In generale, le cose non stanno così – e questo libro cerca di dimostrarlo in ogni suo capitolo –, ma, per quanto riguarda le conseguenze del Recovery Act, all'epoca la risposta era invece positiva. Per quanto strano possa sembrare, in quel momento non esistevano lavori davvero convincenti sulle conseguenze della spesa pubblica durante le fasi recessive[3]. Le posizioni dei sostenitori e degli oppositori del Recovery Act si basavano infatti più su opinioni che su conoscenze supportate dai fatti.

Dal 2009, però, le conoscenze sono progredite... proprio grazie alla «grande recessione» conseguente alla crisi finanziaria. Questo episodio di straordinaria portata ha consentito di studiare in un modo nuovo gli effetti delle politiche di rilancio tramite l'intervento pubblico. Oggi sappiamo meglio in quali condizioni tali politiche hanno un effetto moltiplicatore sull'attività e anche in quali casi esse possono, al contrario, diventare sfavorevoli.

Spesa pubblica e crescita: la storia dell'uovo e della gallina

Rilevare l'effetto della spesa pubblica sull'attività economica è un'impresa ardua. Quando l'attività economica migliora, le entrate fiscali sono in rialzo e, di norma, le spese dello Stato aumentano. In un periodo di ripresa si osserva dunque una correlazione *positiva* tra queste ultime e il Pil. Ma tale rapporto non ha nulla a che vedere con un qualsiasi impatto della spesa pubblica sull'attività. È vero addirittura il contrario, poiché è un aumento della seconda ad alimentare la prima. Analogamente, quando l'economia rallenta, si perdono posti di lavoro e, automaticamente, crescono i sussidi di disoccupazione e le sovvenzioni a favore delle categorie disagiate. In una fase recessiva si osserva dunque una correlazione *negativa* tra spesa pubblica e Pil. Esattamente come prima, tuttavia, ciò non riflette alcun impatto della spesa pubblica sull'attività. Anche nel caso considerato è vero il contrario, poiché è il rallentamento dell'attività economica a far aumentare la spesa pubblica.

In questi due ultimi scenari sono le variazioni del livello dell'attività a essere all'origine delle variazioni della spesa pubblica. Ma è l'esistenza di un rapporto in senso *opposto* – della spesa pubblica verso l'attività – a interessare il governo. È molto difficile rilevare una relazione di causa-effetto in questa direzione, perché la spesa pubblica è un elemento tra molti altri (il funzionamento del mercato del lavoro, le regole della concorrenza, le fluttuazioni del prezzo del petrolio, giusto per citarne alcuni) che agiscono sul livello dell'attività economica. Come individuare ciò che a essa è riconducibile specificamente in mezzo a questi molteplici fattori? In linea di massima, nel momento in cui un paese modifica tali interventi, bisognerebbe conoscere quale sarebbe stata la sua situazione nel caso in cui non avesse introdotto cambiamenti. Cosa evidentemente impossibile. Per ovviare a tale impasse si potrebbero realizzare degli esperimenti, per esempio destinando in modo casuale un aumento della spesa pubblica tra i 2.054 cantoni del territorio francese. Con un campione di queste dimensioni gli effetti dei particolarismi locali si compenserebbero e in tal modo potremmo avere un'idea piuttosto precisa dell'impatto di un rialzo della spesa confrontando l'evoluzione dell'attività dei cantoni che ne beneficerebbero con quella degli altri che ne sarebbero esclusi. In questo modo sapremmo quanto reddito aggiuntivo è generato da un euro in più di spesa pubblica. Purtroppo per la scienza, ma fortunatamente per la democrazia, i poteri pubblici non sono pronti a mettere in atto questo tipo di interventi... a meno che non vi siano costretti dalle circostanze. Ed è quanto è accaduto non in Francia, ma negli Stati Uniti.

Negli Stati Uniti lo Stato federale trasferisce risorse a ogni contea proporzionalmente alla popolazione. In tal modo finanzia stipendi nel settore pubblico, pensioni di anzianità, spese sanitarie, redditi sociali minimi, la costruzione e la manutenzione delle infrastrutture. Naturalmente per stanziare tali risorse occorre conoscere la popolazione di ogni contea. Tuttavia questo compito non è così agevole come si potrebbe pensare di primo acchito. In linea di principio la fonte più affidabile è il censimento che però ha luogo solo ogni dieci anni. In tale intervallo di tempo la popolazione di una contea è censita annualmente tramite i dati dell'amministrazione fiscale. Ma questa stima annua è molto imperfetta, poiché le persone i cui redditi sono troppo bassi per essere tassati non vengono registrate in modo sistematico. Nel 1980 il censimento contava cinque milioni di americani in più rispetto alle rilevazioni dell'amministrazione fiscale; un milione e mezzo in meno nel 1990 e 6,8 milioni in più nel 2000. Dunque, ogni dieci anni, appena sono noti i dati del censimento, l'amministrazione fiscale ricalcola la popolazione di ogni contea, modificando automaticamente le risorse stanziate. Queste revisioni delle dimensioni della popolazione attiva offrono la possibilità di conoscere gli effetti della spesa pubblica sull'attività. Vediamo in che modo.

Il riconteggio della popolazione e le modifiche a livello di spesa pubblica che ne conseguono sono rettifiche puramente statistiche del tutto slegate dalla congiuntura economica o politica delle contee. Se dunque tali cambiamenti di spesa modificano sistematicamente l'attività del territorio, si tratta sicuramente di un rapporto di causa-effetto tra spese e attività e non viceversa. Il riconteggio decennale delle popolazioni locali costituisce così un «esperimento naturale» caratterizzato da una ridistribuzione imprevista (e dunque indipendente dalla congiuntura) di una parte della spesa pubblica tra le 3.144 contee degli Stati Uniti. L'esperimento che avevamo immaginato in merito a una distribuzione casuale della spesa pubblica tra i 2.054 cantoni del territorio francese esiste dunque *de facto* nelle contee statunitensi!

Questo esperimento naturale ci insegna che l'iniezione di un dollaro in più di spesa pubblica si associa, in media, a un aumento del reddito di 1,6 dollari[4]. Le spese hanno dunque un effetto moltiplicatore, comportando una crescita del reddito superiore all'importo conferito. Il loro impatto è d'altronde più forte nelle contee dove il reddito per abitante è inferiore: il moltiplicatore è nell'ordine di 3. Nelle zone più ricche è invece praticamente nullo. Il rilancio tramite la spesa pubblica è perciò più efficace nelle aree più svantaggiate.

Altri studi giungono a risultati concordi. Uno dei più interessanti parte dall'osservazione che, durante la grande recessione del 2008, negli Stati Uniti numerose comunità locali hanno subito perdite legate ai loro investimenti finanziari. Una parte importante di tali comunità deteneva portafogli titoli che tra il 1958 e il 2010 hanno fruttato circa il 15% dell'investimento iniziale. Nel corso della recessione del 2008, contrassegnata da un crollo dei rendimenti della maggior parte dei titoli, il reddito di alcune comunità locali ha subito riduzioni molto sensibili mentre altre, più fortunate, hanno conosciuto perdite limitate o persino un aumento delle loro entrate. Tutto dipendeva dalla composizione del portafoglio titoli, che evidentemente non è correlata alla congiuntura economica del territorio di riferimento. Le variazioni della spesa pubblica indotte dalle oscillazioni del reddito finanziario delle comunità locali possono dunque essere considerate come eventi slegati dalla congiuntura. Questa configurazione è analoga a quella dell'esperimento delle contee in seguito alle rettifiche demografiche. Può dunque essere applicato lo stesso metodo di analisi. Risulta[5] che, nel 2008-2009, una riduzione di un dollaro delle spesa pubblica per una comunità locale ha provocato una contrazione del reddito pari a 1,6 dollari nel rispettivo territorio. E ogni volta che la spesa pubblica è diminuita di 22.000 dollari un posto di lavoro nel settore commerciale è andato distrutto.

Le spese militari e la mafia

Gli Stati Uniti risultano essere i primi produttori e acquirenti di armi al mondo. Nel 2015 le spese militari sono ammontate a 600 miliardi di dollari, ossia il 4% del Pil americano (oltre un quarto di quello francese). Queste spese aumentano quando gli Stati Uniti sono impegnati in conflitti militari. Le regioni «fortunate», con una forte industria degli armamenti, beneficiano allora di un incremento della domanda più importante rispetto a quelle dove il peso di tale comparto è meno forte. Così, se le spese militari statunitensi aumentano dell'1%, esse accrescono i consumi del 3% in California e di meno dello 0,5% nell'Illinois[6]. Queste variazioni nel peso delle spese militari a seconda del territorio sono slegate dalla congiuntura locale, ma dipendono unicamente dalle decisioni delle autorità federali in merito agli impegni militari. L'esame del periodo 1966-2006 mostra che ogni dollaro in più di spese militari erogate in un'area ha determinato un incremento del reddito di 1,5 dollari. Tali spese hanno pertanto effetti moltiplicatori: l'aumento della produzione nell'industria degli armamenti genera redditi che incrementano la domanda di beni e servizi di tutti gli altri settori. E tali effetti moltiplicatori variano a seconda del livello di disoccupazione: nelle aree in cui questa è più elevata, un dollaro in più di spesa militare ne crea circa tre di redditi aggiuntivi, mentre nelle regioni in cui la disoccupazione è inferiore questo stesso dollaro supplementare non genera praticamente alcun incremento di reddito.

A partire dagli anni Settanta l'Italia ha decentralizzato numerose decisioni in materia di spesa pubblica. La mafia ne ha approfittato per infiltrarsi nelle comunità locali e sottrarre fondi a proprio vantaggio. Queste appropriazioni hanno costituito una delle sue attività più lucrative, in particolare nel settore dei lavori pubblici. Dal 1991, per contrastare tali azioni, una legge consente al governo di revocare i rappresentanti eletti che siano ritenuti corrotti e di sostituirli con commissari in grado di garantire la gestione della comunità locale per un periodo di diciotto mesi. I governi successivi hanno fatto un ampio ricorso a questa possibilità: tra il 1992 e il 2012 sono stati sciolti 214 consigli municipali.

I commissari nominati dal governo cominciano a passare in rassegna l'insieme delle spese comunali e non esitano a tagliare quelle per cui sospettano una collusione con la mafia. Per esempio, l'11 settembre 2001 la giunta comunale di Pompei è stata sciolta dopo la scoperta del legame tra il sindaco e il boss mafioso locale. Il consiglio municipale aveva votato un budget dell'ordine dei quattro milioni di euro per i lavori pubblici, a copertura delle spese di manutenzione «straordinarie» per l'illuminazione pubblica e la rete di approvvigionamento idrico, per l'acquisto di materiali di diverso genere, per altre spese di smantellamento e manutenzione di parchi e giardini ecc. I commissari hanno ridimensionato tali costi dell'80%. In genere il loro intervento comporta un drastico taglio della spesa pubblica.

In linea di principio le azioni dei commissari, e dunque le conseguenti riduzioni a livello di spesa, non sono correlate alla congiuntura in seno alle comunità locali, ma si basano unicamente su evidenze di collusione con la mafia. Questi tagli possono perciò essere utili per stimare l'effetto delle variazioni della spesa pubblica sull'attività, senza il timore di sbagliarsi sul rapporto di causa-effetto. Tuttavia, questa valutazione è un po' più delicata rispetto ai precedenti esempi americani, poiché occorre tener conto del fatto che probabilmente un amministratore esterno gestisce un comune meglio di una giunta municipale corrotta e che l'eliminazione della mafia ha un'influenza anche sul livello di attività. Una volta prese tutte queste precauzioni, è stato calcolato che gli effetti moltiplicatori sono simili a quelli osservati negli Stati Uniti[7]: un euro di taglio della spesa pubblica in seguito all'intervento di amministratori nominati dal governo comporta una riduzione di 1,5 euro a livello del reddito degli abitanti dei comuni interessati.

Questi studi sugli Stati Uniti e sull'Italia mostrano che il moltiplicatore keynesiano non è semplicemente un concetto utopico. Esiste davvero. Secondo tali analisi, sarebbe pari a 1,5 o 1,6. Ma altri lavori sfociano in conclusioni molto differenti. In alcune circostanze il moltiplicatore potrebbe addirittura diventare *negativo*, nel qual caso un aumento della spesa pubblica determinerebbe una *riduzione* del reddito. Come è possibile?

I perdenti della politica keynesiana

Nel 1997 Richard Shelby, senatore repubblicano dell'Alabama, è stato nominato a capo della Commissione per l'intelligence del Senato, dedicata al controllo delle agenzie federali che producono informazioni e analisi per il governo e il Congresso. Questo mandato non dipende affatto dal talento di Shelby, dal momento che tale carica prestigiosa spetta sistematicamente al senatore più anziano del partito al potere. Poco dopo la nomina, le spese del Senato a favore dell'Alabama sono *raddoppiate* rispetto agli altri Stati. Non si è trattato di un aumento fortuito: di solito a ogni nuovo mandato segue un sensibile incremento delle spese del Senato a favore dello Stato rappresentato dal nuovo presidente della Commissione in questione[8]. L'aumento della spesa pubblica di cui beneficia uno Stato grazie a tali nomine non ha pertanto alcun legame con la sua situazione economica, poiché la designazione alla presidenza delle commissioni senatoriali segue semplicemente la regola dell'anzianità. È esattamente la stessa configurazione vista, per esempio, nel caso del riconteggio della popolazione delle contee. È come se alcuni Stati avessero beneficiato in modo casuale di un incremento delle loro risorse pubbliche. Come nel caso del riconteggio della popolazione delle contee, questo scenario consente di valutare gli effetti dei rialzi della spesa pubblica.

L'esame delle conseguenze di 232 nomine alla presidenza di commissioni senatoriali tra il 1967 e il 2008 ci porta a una constatazione sorprendente. Lungi dal favorire l'investimento e l'occupazione, come avrebbe fatto pensare il meccanismo del moltiplicatore keynesiano, tali spese *deprimono* l'attività economica. Nell'anno successivo alla nomina del rappresentante di uno Stato alla presidenza di una commissione senatoriale, le aziende riducono gli investimenti, diminuiscono le spese in ricerca e sviluppo e aumentano i dividendi degli azionisti. Questi effetti negativi sono tanto più importanti quanto più lo Stato è prossimo a una situazione di piena occupazione. Non solo: persistono finché il senatore che rappresenta il territorio in questione conserva il suo incarico e si dissolvono nel momento in cui lo perde.

L'impatto negativo della spesa pubblica è correlato alla sua natura e al modo in cui viene utilizzata. Le risorse destinate dai senatori tendono a favorire aziende, comunità locali o associazioni dotate di buoni «contatti politici», ma si tratta di utilizzi tutt'altro che efficienti. Per esempio, l'anno successivo alla nomina di Richard Shelby, il fatturato del produttore di camper Homes Inc è crollato del 40% perché le commesse governative per fornire alloggi «in muratura» alle famiglie povere sono sensibilmente aumentate grazie al budget allocato dal Senato. Ne è conseguita una ridistribuzione dei posti di lavoro e degli investimenti il cui risultato finale è stato una *flessione* dell'attività economica. Il clientelismo gioca contro l'efficienza della spesa pubblica.

Questo esame delle conseguenze delle spese delle commissioni senatoriali statunitensi mostra che esse non sono sistematicamente favorevoli all'attività, anche quando sembrano una manna che non ha bisogno di essere finanziata da chi ne beneficia. Altri esperimenti confermano l'osservazione. Il Fondo europeo di sviluppo regionale è destinato a ridurre lo scarto tra i livelli di sviluppo delle diverse aree dell'Unione Europea, finanziando sovvenzioni agli investimenti delle imprese, alle infrastrutture legate in particolare alla ricerca e all'innovazione, alle telecomunicazioni, all'ambiente, all'energia e al trasporto. Finanzia inoltre fondi di venture capital e quelli per lo sviluppo locale. Soltanto le aree meno sviluppate, il cui Pil per abitante è inferiore al 75% della media europea, sono idonee a ricevere la totalità o parte di tali aiuti. Il confronto tra le regioni che, essendo collocate anche appena al di sotto della soglia del 75%, hanno beneficiato dei trasferimenti del Fondo europeo di sviluppo regionale e quelle che, trovandosi appena al di sopra di questo limite, ne erano escluse consente di rilevare l'impatto delle sovvenzioni europee[9]. Questi aiuti hanno raramente gli effetti moltiplicatori auspicati. L'esame meticoloso di oltre 600 programmi di investimento dal 1993 al 2006 rivela un effetto positivo sul reddito per abitante soltanto nel 30% dei casi. Le sovvenzioni europee lo migliorano nelle aree in cui il livello di istruzione e la qualità dei servizi pubblici nei settori dell'educazione, della giustizia e della sanità sono elevati, ma nella grande maggioranza delle regioni aiutate sono troppo basse perché la spesa pubblica inneschi un circolo virtuoso favorevole all'investimento, all'occupazione e ai consumi. Questo tipo di spesa pubblica non ha dunque sistematicamente degli effetti moltiplicatori positivi nelle zone con una sottoccupazione importante: occorre anche che tali aree dispongano di servizi pubblici di qualità e che la popolazione abbia un buon livello di istruzione.

L'importanza dell'accesso al credito e dei tassi di interesse

Negli anni Novanta le aziende giapponesi dovettero far fronte a importanti svalutazioni dei loro asset e a malfunzionamenti del sistema bancario che ne limitavano l'accesso al credito. A rigor di logica l'effetto di rilancio dell'attività tramite la spesa pubblica dovrebbe essere più debole se le aziende hanno maggiori difficoltà a finanziarsi per onorare gli ordini. È proprio quanto è accaduto in Giappone[10]: gli effetti moltiplicatori della spesa pubblica ebbero una portata limitata e furono nettamente più contenuti nelle aree in cui l'accesso al credito per le imprese era più problematico. Soltanto le misure direttamente calibrate sulle aziende, e che di conseguenza ne alleggerivano le difficoltà di finanziamento, funzionavano da moltiplicatori. Al contrario, le azioni a favore dei nuclei familiari avevano un effetto deprimente sull'attività, tendendo ad accrescere le richieste salariali e aggravando i problemi di redditività delle imprese, riducendone così gli investimenti e le assunzioni.

L'impatto delle difficoltà di finanziamento delle aziende sul valore del moltiplicatore è una questione dibattuta da molto tempo. È stato anche l'argomento centrale di riflessione del libro *The General Theory of Employment, Interest and Money* pubblicato da Keynes nel 1936[11]. Keynes sottolineava come i deficit pubblici assorbissero una parte del risparmio inizialmente destinata a finanziare l'investimento privato. In assenza di una politica monetaria cosiddetta «accomodante», ossia che faciliti l'accesso delle aziende al credito grazie a tassi di interesse contenuti, l'indebitamento pubblico taglia fuori l'investimento privato, riducendo gli effetti moltiplicatori della spesa pubblica. Gli aumenti dei trasferimenti sociali decisi da alcuni governi statunitensi tra il 1952 e il 1991 non hanno perciò innescato la reazione a catena del moltiplicatore keynesiano, poiché le autorità monetarie americane hanno reagito alzando i tassi di interesse, e questo ha frenato le assunzioni e gli investimenti, oltre ad annullare gli effetti espansionistici[12].

Quando è necessario ricorrere ai rimedi keynesiani?

Gli studi sugli effetti delle modifiche della spesa pubblica basati sui metodi sperimentali sono ancora poco numerosi, ma in ogni caso favoriscono indicazioni convergenti. La soluzione keynesiana tradizionale, che mira al rilancio tramite la spesa pubblica finanziata ricorrendo al deficit di bilancio, può essere appropriata in periodo di recessione e di sottoccupazione. Uno degli anti-keynesiani più accaniti, Robert Lucas, premio Nobel per l'economia nel 1995, avrebbe dichiarato che «in trincea, tutti sono keynesiani»[13]. Ma che cosa accade fuori dalla trincea, cioè quando l'economia non attraversa una crisi grave? Gli studi presentati in questo capitolo mostrano che l'incremento della spesa pubblica non è una panacea in ogni circostanza. In particolare occorre che il tessuto economico sia reattivo affinché tali misure abbiano successo. I malfunzionamenti dei mercati finanziari, ma anche di quelli del lavoro e dei prodotti, una cattiva gestione pubblica, il clientelismo politico (senza parlare della corruzione) e reazioni inappropriate da parte delle autorità monetarie rappresentano altrettanti ostacoli alla riuscita delle politiche di rilancio keynesiano. Tali ostacoli possono addirittura creare situazioni in cui un rialzo della spesa pubblica ha un effetto depressivo sull'attività. La soluzione keynesiana ha bisogno di una perfetta messa a punto per essere efficace: le spese devono essere destinate esclusivamente a settori ben identificati (per esempio infrastrutture o sovvenzioni a favore dei meno abbienti). Gli studi disponibili suggeriscono che è esattamente quanto è avvenuto nel caso del Recovery Act dell'amministrazione Obama. Erano presenti tutte le condizioni: un'economia molto reattiva, una politica monetaria che ha facilitato l'accesso al credito e spese pubbliche ben mirate. Ma nel momento in cui il presidente Obama ha firmato l'assegno da 787 miliardi di dollari, gli economisti non avevano una visione molto chiara delle condizioni necessarie alla riuscita del Recovery Act, e questo spiega, in gran parte, le loro divergenze di opinioni.

Il Recovery Act fu una scommessa vinta, tanto di guadagnato. Ma non si può concludere che la soluzione keynesiana sia efficace in ogni circostanza e in qualsiasi luogo. Gli studi disponibili raccomandano piuttosto la massima cautela nella sua applicazione. Dovremmo allora stupirci che il rilancio tramite la spesa pubblica sia sempre privilegiato, mentre le riforme del mercato del lavoro o dei beni e servizi sono costantemente derise da una parte della classe politica e dall'insieme degli economisti eterodossi. Come spiegare questo sostegno incondizionato ai rimedi keynesiani? Il motivo è semplice: sembrano indolori e universali. I loro prescrittori ci dicono che non c'è nulla da cambiare nel funzionamento della nostra economia, basta solo aumentare la spesa pubblica affinché tutto vada per il meglio. Inutile sconvolgere la nostra storia, la nostra cultura, le nostre istituzioni. Inutile interrogarsi sugli effetti del costo del lavoro, della legislazione sui licenziamenti o sul modo migliore di gestire l'assicurazione contro la disoccupazione e la formazione professionale. Tutto ciò fa parte di una chirurgia brutale, irrispettosa del paziente. Al contrario, la soluzione keynesiana è venduta come una terapia dolce che evita tutti i conflitti legati alle cosiddette riforme «strutturali». Tutti noi preferiamo cospargerci di unguenti o ingoiare qualche pillola anziché finire sul tavolo operatorio. Sfortunatamente può capitare che la seconda eventualità si riveli più efficace della prima. Ma non sempre. L'analisi economica contemporanea aiuta a elaborare diagnosi migliori di un tempo, per cui dobbiamo avvalercene.

Note

[1] In teoria, l'effetto moltiplicatore è maggiore quando queste politiche sono finanziate con un deficit di bilancio anziché con una riduzione delle imposte poiché, in questa seconda eventualità, una parte del reddito supplementare di cui disporrebbero i contribuenti si trasforma in risparmio invece di essere destinata al consumo.

[2] Si veda «Nobel Laureate Paul Krugman: Too Little Stimulus in Stimulus Plan, 19 febbraio 2009», http://knowledge.wharton.upenn.edu, 19 febbraio 2009.

[3] Lo stato delle conoscenze è ben documentato nei contributi di Robert Hall, *By How Much Does GDP Rise If the Government Buys More Output?*, Brookings Papers on Economic Activity, 2, 2009, pp. 183-231; e di Christina Romer, *What Do We Know about the Effects of Fiscal Policy? Separating Evidence from Ideology*, Hamilton College, 7 novembre 2011.

[4] Juan Carlos Suarez Serrato, Philippe Wingender, *Estimating Local Fiscal Multipliers*, documento di ricerca, Duke University, luglio 2016.

[5] Daniel Shoag, «Using State Pension Shocks to Estimate Fiscal Multipliers Since the Great Recession», *American Economic Review*, Papers & Proceedings, 3(103), 2013, pp. 121-124.

[6] Emi Nakamura, Jón Steinsson, «Fiscal Stimulus in a Monetary Union: Evidence from U.S. Regions», *American Economic Review*, 104(3), marzo 2014, pp. 753-792.

[7] Antonio Acconcia, Giancarlo Corsetti, Saverio Simonelli, «Mafia and Public Spending: Evidence on the Fiscal Multiplier from a Quasi-Experiment», *American Economic Review*, 104(7), 2014, pp. 2185-2209.

[8] Lauren Cohen, Joshua Coval, Christopher Malloy, «Do Powerful Politicians Cause Corporate Downsizing?», *Journal of Political Economy*, 119(6), dicembre 2011, pp. 1015-1060.

[9] Sascha Becker, Peter Egger, Maximilian von Ehrlich, «Absorptive Capacity and the Growth Effects of Regional Transfers: a Regression Discontinuity Design with Heterogeneous Treatment Effects», *American Economic Journal: Economic Policy*, 5(4), 2013, pp. 29-77.

[10] Markus Bruekner, Anita Tuladhar, «Local Government Spending Multipliers and Financial Distress: Evidence from Japanese Prefectures», *The Economic Journal*, 124, 2014, pp. 1279-1316.

[11] Trad. it. *Occupazione, interesse e moneta: teoria generale*, Torino, Utet, 1947.

[12] Christina Romer, David Romer, *Transfer Payments and the Macroeconomy: the Effects of Social Security Benefit Increases: 1952-1991*, University of California, Berkeley, ottobre 2015. Per giungere a questa conclusione, Christina e David Romer hanno ripreso il cosiddetto approccio «narrativo» descritto nel capitolo 4, che consiste nell'esaminare tutte le decisioni prese dalle autorità pubbliche allo scopo di isolare le misure – nella fattispecie le variazioni delle prestazioni sociali – in linea di principio indipendenti dalla congiuntura economica. È ciò che spesso accade quando arriva al potere una nuova maggioranza.

[13] È quanto avrebbe confidato Robert Lucas al giornalista del *Times* Justin Fox; si veda la sua rubrica «Bob Lucas on the Comeback of Keynesianism», del 28 ottobre 2008.

Capitolo 6

MALTHUS E L'ANGOSCIA DELLA CARESTIA

Radio-télévision libre des mille collines ha svolto, come noto, un ruolo nel genocidio dei tutsi in Ruanda. Dal mese di aprile del 1994, dopo l'assassinio del presidente ruandese di origine hutu Juvénal Habyarimana, questa radio incitò la popolazione a sterminare i tutsi, paragonati a invasori e «scarafaggi». L'emittente indicava i luoghi in cui risiedeva chi doveva essere eliminato e poi si congratulava con i persecutori.

L'utilizzo dei mass media in progetti di genocidio non è nuovo. Joseph Goebbels, ministro per l'Educazione del popolo e la Propaganda del Terzo Reich, affermava che la radio era lo strumento per influenzare le masse più efficace che fosse mai esistito[1]. Ma come valutare le conseguenze delle incitazioni all'odio trasmesse via radio? Radio-télévision libre des mille collines ha davvero incrementato la violenza? Per rispondere, bisognerebbe essere in grado di sapere come si sarebbero svolti gli eventi se non fosse esistito tale mezzo di comunicazione. Essendo questo impossibile, un economista dell'Università di Harvard ha avuto l'idea di sfruttare il fatto che la topografia molto accidentata del Ruanda impediva a Radio-télévision libre des mille collines di coprire tutto il territorio[2]. Soltanto alcune regioni captavano gli appelli al genocidio. È dunque possibile valutare l'impatto di quell'emittente confrontando la portata delle persecuzioni nelle zone coperte rispetto a quelle non raggiunte. Emerge che le popolazioni hanno partecipato al massacro in misura nettamente superiore nelle aree che ricevevano la Radio: questa avrebbe accresciuto il numero dei persecutori di circa il 10%, corrispondente a 50.000 omicidi aggiuntivi. Tra l'altro, amplificando le persecuzioni in alcune zone, la Radio ne ha modificato il corso della vita economica. Le ricerche condotte su questi cambiamenti hanno confermato la pertinenza dei meccanismi evidenziati da Thomas Malthus nel XVIII secolo.

La logica della carestia

Secondo la «legge di Malthus» in un'economia in cui l'agricoltura costituisce l'attività principale la popolazione tende ad aumentare più velocemente delle risorse. Il sovrappopolamento riduce il reddito per abitante, favorendo carestie ed epidemie. Queste agiscono allora come degli «stabilizzatori naturali» che abbassano il numero di abitanti, incrementando per contro il reddito dei sopravvissuti. Secondo la logica malthusiana, qualsiasi riduzione demografica determina una crescita del reddito pro capite. Se questa legge è applicabile agli episodi conseguenti alle carestie e alle epidemie, non vi è alcun motivo per cui essa non dovrebbe applicarsi a quelli che seguono i genocidi. Il caso del Ruanda ne è la conferma. A distanza di sei anni dalla fine del genocidio i sopravvissuti hanno redditi più alti nelle zone che furono raggiunte da Radio-télévision libre des mille collines, là dove i massacri furono più pesanti[3]. Gli scampati hanno coltivazioni più grandi, più bestiame e beni durevoli e consumano di più. La «legge di Malthus» secondo la quale il calo demografico accresce il reddito per abitante trova dunque piena conferma.

Il mondo ha funzionato secondo la logica malthusiana dal neolitico fino alla rivoluzione industriale del XVIII secolo[4]. In Ruanda questa legge è sempre di attualità ma non è applicabile in qualsiasi luogo e in ogni circostanza. Anzi. In realtà è valida solo quando l'agricoltura svolge un ruolo di primo piano. Le economie moderne, in cui la produzione di beni non agricoli e di servizi è la fonte primaria della crescita, funzionano in modo molto differente: la produzione non è più limitata dalla superficie delle terre coltivabili e una crescita demografica non comporta più necessariamente un calo del reddito per abitante. Tuttavia, il pensiero malthusiano resta ancora molto influente, addirittura dominante, quando si tratta di raccomandare rimedi in una situazione di penuria:

oggi, questa penuria riguarda la carenza di posti di lavoro. La forza della logica malthusiana deriva dalla sua semplicità, in quanto raccomanda *tout court* di diminuire le dimensioni della popolazione attiva o di condividere il lavoro disponibile, soluzione che apparentemente colpisce per il suo buonsenso. L'immigrazione è forse l'argomento su cui le idee di Malthus restano più vivaci.

Limitare l'immigrazione non riduce la disoccupazione

In prossimità della campagna per le elezioni presidenziali del 1981 che avrebbero visto la vittoria di François Mitterrand, il sindaco comunista di Vitry-sur-Seine, Paul Mercieca, si rese tristemente famoso per aver distrutto a colpi di bulldozer un pensionato che ospitava degli operai maliani. Davanti alle proteste del rettore della moschea di Parigi, il segretario generale del partito comunista francese, Georges Marchais, anch'egli candidato alle presidenziali, gli rispose con una lettera pubblicata sul giornale *L'Humanité* del 7 giugno 1981: un perfetto condensato del pensiero malthusiano in materia di immigrazione. Vi si può leggere che gli imprenditori e il governo «ricorrono all'immigrazione massiccia, come un tempo si praticava la tratta dei neri» e che questa manodopera «di schiavi moderni» consente loro «di realizzare profitti più alti e di esercitare una pressione più forte sui salari». Marchais auspica di «fermare l'immigrazione ufficiale e clandestina» poiché questa politica «costituisce per gli imprenditori e il governo un mezzo per aggravare la disoccupazione, i bassi livelli retributivi e le cattive condizioni lavorative».

Oltre trent'anni dopo, il programma difeso dal Front National durante la campagna delle presidenziali del 2012 riprende praticamente parola per parola la lettera di Marchais al rettore della moschea di Parigi. Questo programma correla esplicitamente immigrazione, riduzione del salario dei cittadini e incremento della disoccupazione. Vi si legge dunque che «l'aumento molto sensibile dell'immigrazione professionale è particolarmente riprovevole in piena crisi economica, quando la disoccupazione esplode nel nostro paese e il potere d'acquisto dei dipendenti collassa». Si afferma inoltre che l'immigrazione è uno strumento «utilizzato dalle potenze economiche e dai grandi imprenditori per esercitare una pressione al ribasso sugli stipendi» e che non è un progetto umanistico ma «un'arma al servizio dei grandi capitali».

Né Georges Marchais né Marine Le Pen si rifanno al pensiero di Thomas Malthus. Piuttosto sembrano ispirarsi a un marxismo elementare, secondo cui gli imprenditori utilizzano l'arma dell'immigrazione per accrescere lo sfruttamento dei lavoratori. Tuttavia, l'idea secondo cui l'arrivo degli immigranti riduce il salario e le prospettive di impiego dei cittadini si rifà direttamente alle idee di Malthus: su un territorio esisterebbe un numero limitato di posti di lavoro disponibili e una manodopera sempre più numerosa ne ridurrebbe le retribuzioni. Oltre tale soglia, alcune persone non troverebbero più un'occupazione, così come un tempo si soccombeva alle carestie. È ciò che prevedono Georges Marchais e Marine Le Pen. Per porvi rimedio, la soluzione «malthusiana» si impone con la sua ovvietà: occorre diminuire la quantità di manodopera disponibile fermando l'immigrazione. Eppure, tutti gli studi basati su approcci sperimentali, gli unici in grado di individuare dei rapporti di causa-effetto, respingono le spiegazioni e le soluzioni malthusiane all'apparenza così allettanti. L'immigrazione cubana negli Stati Uniti ne è un esempio eclatante.

Il 20 aprile 1980, all'indomani di un conflitto diplomatico, Fidel Castro annunciò l'apertura del porto di Mariel affinché chiunque lo desiderasse potesse lasciare l'isola. Innescò così una vera e propria ondata migratoria: quasi 90.000 cubani lasciarono il loro paese per gli Stati Uniti già nel mese di maggio[5]. Si stima che oltre 125.000 cubani siano emigrati prima della chiusura del porto di Mariel, nel settembre di quello stesso anno. La metà si stabilì a Miami, determinando un incremento del 7% della popolazione attiva. Rapportando questo dato alla scala di un paese come la Francia, è come se la sua popolazione attiva fosse bruscamente aumentata di quasi due milioni di persone.

Il principio del metodo sperimentale consiste nel confrontare le aree interessate dai movimenti migratori con zone *simili* che però non sono state toccate da tali flussi. In quest'ottica, il raffronto tra Miami e 43 città statunitensi con una situazione analoga in termini di posti di lavoro e retribuzioni, ma non toccate da ondate migratorie, mostra che l'immigrazione massiccia è stata assorbita *senza alcun effetto negativo* sui residenti[6]. In particolare, gli stipendi e la disoccupazione delle popolazioni residenti poco qualificate non hanno subito modifiche in seguito all'arrivo dei cubani. L'afflusso della manodopera a Miami non ha avuto alcun impatto negativo, anche a breve termine, sulla popolazione più esposta alla concorrenza dei nuovi rifugiati.

Fatte salve alcune differenze, questa conclusione è globalmente confermata al di fuori degli Stati Uniti[7]. In particolare, l'analisi delle ondate migratorie successive ai conflitti della Bosnia e del Kosovo alla fine del secolo scorso mostra che la portata degli effetti dell'immigrazione sulla situazione dei residenti dipende dal funzionamento del mercato del lavoro e dall'apertura alla concorrenza a livello di mercato dei prodotti. In Svizzera, tra il 1994 e il 1997, le persone uscite dalla ex Jugoslavia formavano il gruppo più importante tra i lavoratori extracomunitari e occupavano il secondo posto in Svezia, dopo i finlandesi. L'Austria ha accolto 100.000 rifugiati bosniaci tra il 1992 e il 1995. Queste ondate migratorie hanno avuto un effetto molto debole sulle retribuzioni e sull'occupazione delle popolazioni di origine. L'impatto è stato invece più importante nei paesi di accoglienza le cui legislazioni sono meno favorevoli alla concorrenza e alla mobilità del lavoro[8].

Gli studi sugli effetti dell'immigrazione contraddicono formalmente l'idea secondo cui l'incremento della popolazione in età lavorativa ridurrebbe sistematicamente gli stipendi e creerebbe disoccupazione. Le economie industrializzate non funzionano secondo il pensiero malthusiano. All'intuizione corrispondono i fatti quando le funzioni per cui vengono assunti gli immigrati sono state abbandonate dai residenti perché, per esempio, erano molto gravose. In questo caso il lavoro degli immigrati non soppianta quello dei residenti. Al contrario, una simile constatazione non è così scontata quando il lavoro che può fornire un immigrato può *sostituire* quello di un residente. Ebbene, nell'episodio dell'esodo di Mariel gli immigrati cubani, per la maggioranza poco qualificati, hanno fatto direttamente concorrenza a un'importante fetta di popolazione ugualmente poco qualificata e ben radicata a Miami. A rigor di logica (malthusiana), si sarebbero dovuti constatare una riduzione dei salari e un aumento della disoccupazione. Tuttavia ciò non si è verificato. Per comprendere questo risultato poco intuitivo, occorre far intervenire un fattore di produzione diverso dal lavoro: il «capitale».

In un'economia sviluppata, ogni lavoratore è remunerato – o si remunera se è autonomo – proporzionalmente alla sua capacità, che dipende dalle sue caratteristiche personali (livello di istruzione, esperienza professionale, età, motivazione, intelligenza ecc.) *e* dal «capitale» a sua disposizione (macchinari, uffici, computer, infrastrutture di trasporto e comunicazione, assistenza sanitaria ecc.)[9]. A differenza dei terreni, questi mezzi di produzione non esistono in quantità limitata. Un imprenditore ha dunque interesse a investire in nuovi mezzi allo scopo di assumere nuovi arrivati sul mercato del lavoro. Retribuendoli in base alle loro capacità, guadagnerà più di prima. Se la legislazione consente alle aziende di investire e assumere rapidamente[10], l'occupazione dei residenti non ha ragione di diminuire: ci saranno semplicemente più persone al lavoro.

In realtà ci vuole un po' di tempo perché i mezzi di produzione e le infrastrutture si adattino a un afflusso importante e inatteso di manodopera. Un aumento della popolazione attiva può allora tradursi in tagli della retribuzione o, se i salari non possono diminuire, in un incremento della disoccupazione. La capacità di adattare rapidamente i mezzi di produzione e la legislazione sul costo del lavoro – in alcuni paesi il salario minimo può essere un ostacolo all'occupazione dei lavoratori poco qualificati – è dunque la chiave per l'integrazione economica degli immigrati. Nel caso dell'esodo di Mariel gli investimenti sono stati rapidamente diretti verso il settore tessile, localmente molto dinamico, che ha velocemente assorbito una gran parte della manodopera cubana.

Oggi porre dei limiti all'immigrazione (o alla partecipazione delle donne al mercato del lavoro) è una soluzione al problema della disoccupazione caldeggiata dalle persone più a destra del panorama politico. Chi è più a sinistra propone invece di «condividere il lavoro» riducendo l'orario di ognuno o anticipando l'età pensionabile. Entrambe queste soluzioni rientrano nella logica malthusiana e sono altrettanto inefficaci.

La riduzione dell'orario di lavoro non crea occupazione

Il 15 settembre 1981, presentando il piano per l'occupazione, Pierre Mauroy, primo ministro di François Mitterrand, dichiarava che «la riduzione dell'orario di lavoro costituisce di gran lunga la misura più efficace contro la disoccupazione»[11]. Oltre vent'anni dopo, Martine Aubry, artefice delle leggi sulle 35 ore promulgate dal governo di Lionel Jospin, affermava che il principale obiettivo delle 35 ore «era di far ritrovare un impiego al maggior numero possibile di persone»[12]. A un certo punto anche la destra gaullista sembrò convertirsi alle presunte virtù della riduzione dell'orario in quanto la «legge Robien», votata nel giugno del 1996 sotto il governo di Alain Juppé, aveva istituito degli incentivi economici a favore delle aziende che riorganizzavano e riducevano la durata del lavoro in modo negoziato con l'obiettivo di favorire l'occupazione.

A prima vista l'opinione secondo cui la riduzione dell'orario lavorativo sarebbe un mezzo per redistribuire la disponibilità di lavoro sembra scontata: in un mondo in cui la produzione delle imprese fosse un dato intoccabile, occorrerebbe un numero fisso di ore lavorative per raggiungere il livello di produzione auspicato. Basterebbe allora che ognuno lavorasse per meno tempo per far sì che le aziende assumessero personale supplementare che consentirebbe loro di rispettare gli impegni a livello di ordinativi. Ma non viviamo in un mondo simile[13]. Il contesto economico è sempre molto incerto e una parte considerevole degli impieghi è redistribuita continuamente tra le imprese. Alcune di queste hanno senz'altro un portafoglio ordini da evadere nel giro di qualche settimana, o magari di pochi mesi, e possono pertanto essere indotte ad assumere più personale. Ma questi impieghi saranno temporanei, poiché è la capacità di conservare i clienti e di conquistarne di nuovi a determinare la sopravvivenza e lo sviluppo delle aziende. In ultima analisi, l'impatto del ridimensionamento dell'orario di lavoro sull'occupazione dipende dal modo in cui esso influenza la *competitività* delle imprese. I poteri pubblici ne sono consapevoli: infatti, tanto le leggi Aubry quanto, in precedenza, la legge Robien hanno concesso generosi tagli dei costi alle aziende che riducevano l'orario di lavoro.

Resta da verificare se la riduzione dell'orario favorisca la competitività. Può essere vero qualora essa incoraggi le imprese ad adottare un'organizzazione più performante e spinga i dipendenti a lavorare in modo più efficiente, senza far crescere troppo il costo della manodopera. Per i difensori delle 35 ore tale scenario era il più verosimile[14], ma soltanto gli studi basati sul confronto tra gruppi campione e di controllo sono in grado di indicarci se si è davvero realizzato. I lavori più rigorosi raffrontano così aziende che hanno beneficiato di tale misura con altre imprese analoghe che ne sono rimaste escluse. Per quanto ne sappiamo, esistono studi di questo tipo per tre paesi. Si tratta della Germania, della provincia del Québec in Canada e della Francia. E giungono tutti alla stessa conclusione: la riduzione dell'orario di lavoro non crea occupazione.

In Germania negli anni Ottanta e Novanta sono state negoziate riduzioni delle ore lavorative a livello settoriale. Al superamento di una durata cosiddetta «convenzionale» e propria di ciascun comparto, di solito i datori di lavoro devono pagare gli straordinari con un'aliquota maggiorata del 25%. La settimana lavorativa convenzionale nell'industria è così passata in media dalle 40 ore del 1984 alle 38,8 del 1988 e alle 37,7 del 1994. L'esplicito obiettivo di tali accordi di riduzione dell'orario era di accrescere l'occupazione favorendo la condivisione del lavoro. Le differenze nelle durate convenzionali negoziate consentono di costruire gruppi di aziende, alcuni dei quali fungeranno da campione e altri da gruppo di controllo. Diviene allora possibile valutare le conseguenze delle misure di riduzione dell'orario sulle ore effettivamente lavorate, sugli stipendi e sull'occupazione. Il primo dato è diminuito in una proporzione analoga a quella della durata convenzionale[15] ma, in compenso, non vi è stato alcun effetto significativo sul salario mensile e sul livello generale dell'occupazione. In altri termini, le riduzioni dell'orario di lavoro negoziate tra le parti sociali si sono realizzate a fronte di una retribuzione mensile pressoché intera e senza effetti positivi, se non unicamente transitori, sull'occupazione, quando invece l'obiettivo iniziale delle trattative era la condivisione del lavoro e dunque la creazione di nuovi posti.

Tra il mese di ottobre del 1997 e l'ottobre del 2000 la provincia del Québec ha progressivamente ridotto la durata legale del lavoro da 44 a 40 ore settimanali. Oltre tale soglia, agli straordinari era applicata un'aliquota di maggiorazione del 50%. Anche in questo caso la motivazione esplicita della riduzione dell'orario era la creazione di posti di lavoro. La nuova legislazione si applicava soltanto ai dipendenti retribuiti su base oraria e non coperti da un contratto collettivo. Questi rappresentavano circa il 30% del lavoro subordinato nel territorio. Il confronto tra la situazione dei lavoratori del Québec interessati dalla riduzione dell'orario con quella dei dipendenti con contratto della stessa provincia e dei lavoratori dell'Ontario[16] – questi due ultimi insiemi formano il gruppo di controllo – mostra che la minore durata legale ha determinato un sensibile ridimensionamento della settimana lavorativa effettiva, nell'ordine del 20%, tra i soggetti interessati dalla riduzione stessa e soprattutto tra le persone che lavoravano oltre le 44 ore. D'altro canto, la riduzione della durata legale della settimana lavorativa non ha avuto alcun impatto positivo sull'occupazione.

In Francia la settimana lavorativa è passata per legge da 40 a 39 ore nel 1982. Il confronto[17] dei tassi di perdita di impiego tra i dipendenti che lavoravano tra le 36 e le 39 ore prima del 1982 – in linea di principio non toccati dalla riduzione della durata legale della settimana lavorativa e rientranti nel gruppo di controllo – e chi lavorava esattamente 40 ore – il gruppo campione – mostra che chi ha effettivamente beneficiato della riduzione della settimana lavorativa ha perso *più frequentemente* il proprio impiego rispetto a chi lavorava già meno di 39 ore nel 1981. Verosimilmente è l'aumento delle retribuzioni indotto dalla riduzione della settimana lavorativa – con un compenso mensile invariato – ad aver portato le aziende a licenziare le persone il cui orario doveva essere ridimensionato.

L'analisi del passaggio alle 35 ore inquadrato dalle leggi Aubry[18] nel 1998 e nel 2000 porta alla stessa conclusione. Thomas Piketty ritiene che «l'applicazione delle 35 ore nel 1997-1998 rappresenti un grave errore a livello di politica economica e sociale»[19]. Tuttavia numerosi osservatori attribuiscono a tali leggi un notevole successo, pur facendolo sulla base di estrapolazioni discutibili che non provengono da alcuno studio sperimentale. Le leggi Aubry avrebbero così creato 350.000 posti di lavoro tra il 1998 e il 2002[20]. Al di là di questo dato davvero azzardato, la vera questione consiste nel capire quanto in questo ipotetico aumento dell'occupazione sia dipeso dalla riduzione dell'orario di lavoro e quanto dagli *altri elementi* delle leggi Aubry (aiuti e sovvenzioni, contenimento dei salari, riorganizzazione del processo produttivo). Per valutare l'effetto *specifico* della riduzione dell'orario, l'unico metodo pertinente consiste nel confrontare gruppi di aziende di cui soltanto alcuni hanno beneficiato di tale misura. Un esempio illuminante viene dalla situazione particolare di cui gode l'Alsazia-Mosella in merito alla regolamentazione dell'orario di lavoro[21]. Diversamente dal resto della Francia, in questa regione il 26 dicembre e il Venerdì Santo sono giorni festivi. Quando sono state introdotte le 35 ore, è stato deciso di contare questi giorni nell'ambito della riduzione dell'orario di lavoro. Di conseguenza, la diminuzione della settimana lavorativa è stata di circa venti minuti minore in

Alsazia-Mosella che nei dipartimenti limitrofi. Non si è prodotta tuttavia alcuna differenza in termini di sviluppo dell'occupazione: la riduzione più marcata della durata legale della settimana lavorativa nel resto della Francia non ha consentito di creare un numero maggiore di posti di lavoro rispetto a quanto avvenuto in Alsazia-Mosella.

La riduzione dell'orario di lavoro: un'efficacia tutta politica

Dal momento che la riduzione dell'orario di lavoro ha costituito la misura fondamentale del governo di Lionel Jospin, la sua valutazione è un argomento politicamente molto sensibile in Francia. Le 35 ore restano un segno identificativo della «vera» sinistra. Alla stregua dei climato-scettici che negano la responsabilità umana nel riscaldamento globale, molti sono pronti a non riconoscere, per ideologia o interesse, i risultati che abbiamo appena ricordato. Così, Michel Onfray ci illumina affermando che bisognerebbe «ridurre l'orario di lavoro senza abbassare il salario e ripartirlo in modo più flessibile autogestendosi tramite dei comitati creati appositamente sui luoghi di lavoro»[22]. Dal canto suo, alla fine del 2015, la Confédération générale du travail (CGT) ha lanciato una campagna per il passaggio alle 32 ore di lavoro settimanale, a cui si è unito il partito comunista francese. Secondo il primo sindacato di Francia, questa misura dovrebbe creare quattro milioni e mezzo di posti di lavoro. Christiane Taubira confidava inoltre di «sognare» una settimana lavorativa di sole 32 ore, e Gérard Filoche, il singolare e mediatico ispettore del lavoro membro della segreteria del partito socialista, ritiene persino che si potrebbe andare verso le 30 ore.

Il mensile *Alternatives économiques* non è molto conosciuto al grande pubblico. La sua diffusione con oltre 90.000 copie[23] consente comunque di essere letto da parecchi professori di scienze economiche e sociali della scuola secondaria e dai loro allievi. Ebbene, questa rivista è uno dei più coerenti e accaniti difensori delle 35 ore. Il suo numero di maggio 2016 dedica all'argomento un dossier speciale intitolato in modo inequivocabile «Pourquoi il faut réduire le temps de travail» («Perché è necessario ridurre l'orario di lavoro»). Il redattore capo Guillaume Duval vi sostiene che tra il 1997 e il 2001 le 35 ore hanno creato «due milioni di fortunati che hanno trovato lavoro grazie a tale misura». È comprensibile il motivo per cui, dinanzi a un bilancio talmente straordinario, *Alternatives économiques* abbia pubblicato nello stesso dossier anche un manifesto intitolato «Ensemble, remettons la réduction du temps de travail au coeur du débat public» («Insieme, rimettiamo la riduzione dell'orario di lavoro al centro del dibattito pubblico»). Firmato da 150 personalità provenienti dai contesti più disparati (tra i quali Michel Rocard, Daniel Cohn-Bendit e numerosi Economisti Sgomenti), nel manifesto si può leggere che se si vuole evitare di avere un'ampia fascia di «lavoratori poveri», facendo al tempo stesso indietreggiare la disoccupazione, «occorre lavorare meno per lavorare tutti e meglio». Il messaggio è chiaro: è tramite la condivisione che si potrà risolvere il problema della disoccupazione. Mentre tutti gli studi pubblicati nelle riviste accademiche degne di tale nome mostrano che la condivisione del lavoro non crea occupazione, *Alternatives économiques* sostiene il contrario e se ne fa addirittura il propagandista più convinto! I nostri professori e i loro allievi sono vittime, a loro insaputa, del negazionismo economico.

Tutto ciò non è per nulla rassicurante sulla situazione del dibattito in Francia, ma c'è motivo di preoccuparsi ancora di più dal momento che un rapporto ufficiale proveniente dall'Assemblea nazionale si esprime nello stesso senso. La relazione[24], redatta nel 2014 da Barbara Romagnan, deputata socialista del Doubs, a nome della Commissione d'inchiesta incaricata di valutare l'impatto delle 35 ore – su cui il redattore capo di *Alternatives économiques* non si risparmia in elogi –, rappresenta infatti un perfetto esempio di negazionismo.

Questo rapporto riesce nell'impresa di non citare alcuno degli studi basati su dati sperimentali da noi appena richiamati, i quali concludono tutti che la riduzione dell'orario di lavoro non ha alcun effetto sulla creazione di occupazione[25]. Tralasciando questi studi, il rapporto non esita tuttavia ad affermare che «la riduzione delle ore lavorate ha rappresentato uno strumento pertinente ed efficace di lotta contro la disoccupazione». La Romagnan non ignora che anche le misure di riduzione degli oneri sociali previste dalle leggi Aubry avrebbero potuto favorire la creazione di posti di lavoro. Purtroppo, però, queste azioni – destinate a diminuire il costo del lavoro – fanno parte dei tratti distintivi della destra. Ecco perché nel rapporto della Romagnan si può leggere che la politica di riduzione dei costi prevista dalle leggi Aubry è «un'uscita di sicurezza» comoda per gli economisti che non vogliono riconoscere gli effetti positivi della riduzione dell'orario di lavoro! Si è in pieno negazionismo economico: tutte le valutazioni attendibili evidenziano che, a differenza di quest'ultima, esistono politiche ben mirate di riduzione del costo del lavoro in grado di creare occupazione[26]. Il rapporto parlamentare redatto dalla deputata socialista afferma invece esattamente il contrario. In base a una lettura così perspicace degli studi economici, il rapporto raccomanda evidentemente di proseguire oltre con la politica di riduzione del numero delle ore di lavoro. Si tratta di pura e semplice disinformazione.

Durante il suo colloquio dinanzi alla Commissione di inchiesta che ha dato luogo al rapporto redatto dalla Romagnan, Lionel Jospin si è naturalmente impegnato in una difesa delle 35 ore introdotte dal suo governo. Più interessante è la forma assunta da tale difesa. In sostanza Jospin sottolinea che, tra il 1997 e il 2002, periodo durante il quale fu primo ministro e in cui, secondo lui, «l'effetto delle 35 ore si sentiva appieno», un numero elevato di indicatori economici (quali, per esempio, tasso di crescita, creazione di occupazione, indebitamento, bilancia commerciale) sono nettamente migliorati e conclude che evidentemente le 35 ore hanno contribuito a tali risultati e addirittura che sono state strumento di una «grande ed efficace» politica occupazionale. Questo ragionamento accomuna spesso i difensori delle 35 ore, tra cui, d'altronde, la Romagnan con il suo rapporto. Si tratta semplicemente di far emergere una correlazione positiva tra l'introduzione dell'orario ridotto e il miglioramento di alcuni indicatori economici. Ma, come abbiamo sottolineato a più riprese in questo libro, una correlazione positiva non indica affatto l'esistenza di un legame di causa-effetto. Allo stesso modo, una correlazione negativa non avrebbe individuato nelle 35 ore il responsabile del peggioramento della situazione economica. D'altronde, questo fu in seguito il discorso dei partiti di destra. Quando la congiuntura si ritorse contro, essi attribuirono tutti i mali dell'economia francese proprio alle 35 ore. Questi ragionamenti non hanno alcun valore. I legami di causa-effetto devono essere rilevati dai metodi sperimentali propri dell'analisi economica moderna.

Gli anziani in pensione, il lavoro ai giovani!

L'8 aprile 1992 Pierre Bérégovoy è nominato primo ministro da François Mitterrand ed espone i principali orientamenti della sua politica dinanzi all'Assemblea nazionale: «Più rara è l'occupazione, più preziosa è la solidarietà. Non ridurremo la disoccupazione se non ci impegniamo con fermezza nella condivisione del lavoro. Nel dire questo, non faccio della teoria, ma della pratica. E pratica della condivisione significa decisioni concrete... Significa incoraggiare le formule dei prepensionamenti progressivi con tutoraggio dei giovani, sul modello di Renault». I pensionamenti anticipati sono stati ampiamente utilizzati in Francia negli anni Settanta e Ottanta per aiutare i settori in crisi – come la metallurgia o il comparto tessile – a ridurre il personale. Oggi i dipendenti che abbiano versato contributi sufficienti per l'assicurazione contro la disoccuppazione possono di fatto anticipare di tre anni il loro pensionamento beneficiando per questo periodo delle prestazioni Unédic[27]. Si tratta di una forma occulta di prepensionamento. Quando emergono difficoltà in un'azienda o settore, è forte la tentazione di cominciare a sbarazzarsi dei lavoratori più anziani. Questi ultimi sono in generale favorevoli a tale manovra dal momento che possono andare in pensione prima e a buone condizioni. Per le parti sociali si tratta spesso del modo meno conflittuale di gestire la rotazione del personale. Ma a quale prezzo? Tutte le misure che allontanano i senior dal mercato del lavoro costano molto care ai contribuenti, e sono giustificate solo se allo stesso tempo facilitano l'accesso dei giovani nel mondo del lavoro. È davvero così?

Quando Pierre Bérégovoy pronunciò il suo discorso, i prepensionamenti erano ampiamente utilizzati da oltre vent'anni in Francia, ma anche in altri paesi europei, come Danimarca e Germania. Tuttavia, nessuno studio affidabile aveva dimostrato se i posti di lavoro lasciati liberi dai senior andassero a profitto dei giovani. L'efficacia dei prepensionamenti dipendeva dal buonsenso, come illustrano gli esempi di alcune grandi aziende, generalmente sovvenzionate, che si erano impegnate ad assumere giovani a fronte dell'uscita di senior. In realtà questi impegni erano poco vincolanti. Essendoci in media quaranta assunzioni all'anno ogni cento dipendenti, non è molto costoso per imprese con diverse decine di migliaia di dipendenti impegnarsi ad assumere rapidamente alcune centinaia di giovani che in ogni caso avrebbero trovato lavoro in tempi più o meno brevi per via della rotazione della forza lavoro.

Solo in tempi recenti l'impatto dei prepensionamenti o dei cambiamenti dell'età pensionabile sull'occupazione è stato oggetto di valutazioni precise. Le difficoltà di accesso ai dati spiegano in gran parte questo ritardo. Tuttavia, un insieme di studi coordinati nel 2010 da due accademici nordamericani mettendo insieme un team di una trentina di ricercatori di dodici nazioni dell'OCSE, tra cui la Francia, colma in parte questa lacuna. Tali studi analizzano l'evoluzione della disoccupazione e dell'impiego dei giovani in seguito a programmi di prepensionamenti o a modifiche dell'età pensionabile. Viene dimostrato che l'occupazione dei giovani non migliora quando i senior si ritirano dal mercato del lavoro[28]. Sembra invece prevalere la situazione opposta: la riduzione del tasso di occupazione dei più anziani indotta dagli interventi pubblici è piuttosto associata a un calo dell'occupazione dei giovani. Nessuno studio conferma l'idea che la loro uscita dal mercato del lavoro possa avere un impatto positivo sulla nuova occupazione[29].

Il pensionamento dei senior potrebbe essere controbilanciato dalle assunzioni dei giovani solo se vivessimo in un mondo in cui il numero di posti di lavoro fosse fisso. Ma questo non è realizzabile. Il numero di posti dipende dal funzionamento dei vari mercati, in particolare quello del lavoro. L'abbassamento dell'età pensionabile ha quindi come primo effetto la riduzione delle dimensioni della popolazione attiva. Vi sono così meno lavoratori a provvedere ai bisogni di un maggior numero di persone inattive. La conseguenza è un incremento degli oneri a carico dei nuclei familiari e delle aziende, che pesano inoltre sul costo del lavoro e sulla competitività delle imprese, non favorendo le assunzioni in generale e quelle dei giovani poco qualificati in particolare. Alla fine ci saranno meno senior e meno giovani occupati, dunque complessivamente un minor numero di posti di lavoro, come indicano gli studi citati in precedenza.

Pierre Bérégovoy, che intendeva lottare contro la disoccupazione tramite la condivisione del lavoro, diceva: «non faccio della teoria, ma della pratica». In realtà faceva il contrario. Restava assolutamente ancorato alla teoria malthusiana che caldeggia una politica di riduzione o di condivisione della quantità di lavoro disponibile. Tutte le valutazioni smentiscono che una politica simile sia una «pratica» di lotta alla disoccupazione, a prescindere dal fatto che essa assuma la forma di una limitazione dell'immigrazione, di una riduzione dell'orario di lavoro o di un prepensionamento.

La fine del lavoro

I sostenitori della teoria malthusiana prevedono inoltre la «fine del lavoro»: ben presto le macchine e i robot faranno tutto al nostro posto. L'unica soluzione resta la condivisione. Questa previsione si basa sull'osservazione che il progresso tecnologico riduce irrimediabilmente il numero di ore lavorative necessarie per offrire qualsiasi tipo di prodotto o servizio. Se tali aumenti di produttività non vengono controbilanciati da una maggiore domanda dell'insieme dei prodotti o dei servizi, saranno sufficienti meno ore lavorative per soddisfare tutti i bisogni. La condivisione sembra imprescindibile se non vogliamo assistere a un'esplosione del numero di disoccupati.

Effettivamente, il progresso tecnologico distrugge parecchi posti di lavoro in numerosi settori. Gli operai vengono sostituiti dai robot e i computer subentrano progressivamente nello svolgimento di attività ripetitive. Il processo è iniziato molto tempo fa. I bancomat hanno sostituito i cassieri delle banche, i personal computer hanno rimpiazzato le dattilografe, i registratori di cassa automatici cominciano a subentrare alle cassiere dei supermercati e le messaggerie vocali agli operatori dei call center.

Dalla fine degli anni Novanta il progresso tecnologico distrugge soprattutto i posti di lavoro associati ad attività ripetitive che possono essere svolte o riprodotte praticamente senza limiti da mezzi digitali[30]. Alla fine il numero di commercialisti rischia di essere insignificante... proprio come quello degli insegnanti. Al contrario le persone in grado di utilizzare o sviluppare le nuove tecnologie che si sostituiscono alle mansioni dei contabili e degli insegnanti vedono aumentare la loro produttività, e questo si traduce in remunerazioni elevate. Un buon esempio di tale tendenza è dato dal gigante del web, Google, classificato nel 2014 dall'istituto Great Place to Work come migliore multinazionale al mondo in cui lavorare[31]. A quella data questa azienda offriva uno stipendio medio annuo di 94.000 euro, la mensa gratuita, la possibilità di dedicare il 20% delle ore lavorative allo sviluppo di progetti personali e il versamento del salario al congiunto o convivente per dieci anni in caso di decesso, oltre a molti altri vantaggi. I proprietari di Google e delle aziende dell'economia digitale procedono esattamente come Henri Ford all'inizio del XX secolo: offrono ottime condizioni di lavoro e retribuzioni allettanti allo scopo di attirare i candidati più capaci... così facendo potranno assicurarsi profitti decisamente importanti. L'inserimento di queste persone si rivela molto efficace, perché sanno utilizzare le tecnologie che sostituiscono le attività ripetitive svolte altrimenti da più dipendenti.

I salari e i profitti dei settori ad alto valore aggiunto generano dunque nuove domande di prodotti e servizi, e creano nuovi posti di lavoro. Ma da quale lato finirà per pendere la bilancia? Le perdite di posti di lavoro supereranno inevitabilmente le creazioni? Stando al World Economic Forum che ogni anno riunisce a Davos i dirigenti delle maggiori aziende e personalità politiche di primissimo piano, il peggio deve ancora venire. Nel 2015 il Forum di Davos ha condotto un'ampia indagine presso i direttori delle risorse umane di queste grandi imprese in quindici tra i paesi più importanti, per conoscere le loro previsioni sull'evoluzione dell'occupazione nel rispettivo settore. Secondo tale indagine, tra il 2015 e il 2020 in questi paesi dovrebbero essere distrutti 7,1 milioni di posti di lavoro, principalmente ruoli che prevedono attività ripetitive, mentre dovrebbero esserne creati 2 milioni di nuovi, soprattutto nei settori ad alta tecnologia. Complessivamente tra il 2015 e il 2020 dovrebbero pertanto essere destinati a scomparire 5,1 milioni di posti di lavoro[32]. Il WEF prevede dunque che i governi dei grandi paesi del pianeta dovranno far fronte a una «disoccupazione dilagante». Queste previsioni apocalittiche, ampiamente diffuse dai mass media all'inizio del 2016, rispecchiano forse qualcosa di diverso dalla tendenza al pessimismo dei direttori delle risorse umane intervistati? È altamente improbabile.

Un approccio sperimentale, che consiste nel mettere a confronto aree geografiche in cui aziende ad alto valore aggiunto creano posti di lavoro e zone in cui ciò non avviene, fornisce risposte molto diverse da quelle del Forum di Davos[33]. È stato dimostrato che negli Stati Uniti la creazione di un posto di lavoro altamente qualificato ne genera localmente altri 2,5 nuovi. Si tratta di un dato considerevole. Questi nuovi posti di lavoro emergono principalmente nel settore dei servizi alla persona, della ristorazione, del commercio, della sanità e dell'istruzione. Talvolta corrispondono a nuovi mestieri. Per esempio nel 2015 la rete professionale LinkedIn ha elencato le dieci professioni emergenti nate appena cinque anni prima: alcune sono direttamente legate alle tecnologie digitali, come «Data Scientist», «Cloud Services Specialist», «iOS Developer», «Android Developer», «Social Media Intern» o «Big Data Architect». Ma altre non hanno a priori nulla a che vedere con le nuove tecnologie, come l'istruttore di zumba o il beachbody coach: sono emerse in quanto rispondono alla domanda di persone che guadagnano molto bene, in particolare grazie allo sviluppo del settore digitale. Queste nuove professioni si basano su rapporti «face to face» e si diffondono perché sono per il momento difficilmente sostituibili da processi digitali. Possono richiedere una notevole formazione oppure nessuna competenza e offrono una vasta gamma di remunerazioni. Inoltre, questi nuovi professionisti andranno a loro volta a stimolare nuove domande di beni e servizi che genereranno nuova occupazione. La creazione di posti di lavoro in un determinato territorio ha dunque un *effetto moltiplicatore*, la cui portata dipende dalle caratteristiche del mercato del lavoro. In particolare, il «moltiplicatore di occupazione» è più importante quando la manodopera è più mobile, come accade negli Stati Uniti, dove esso è più elevato che in Svezia[34].

Il progresso tecnologico non comporta dunque necessariamente una riduzione dell'occupazione, ma ne determina la riorganizzazione, modificando le competenze richieste e stravolgendo l'ubicazione delle attività. Ogni innovazione comporta, inizialmente, dei vincenti e dei perdenti, ma globalmente permette di creare più ricchezza. Il progresso tecnologico non determina una scarsità di posti di lavoro, ma crea conflitti sulla ripartizione delle perdite e dei guadagni che genera. I dati e gli studi a nostra disposizione non avvalorano affatto la tesi della «fine del lavoro»[35]. Anziché erigere barriere dinanzi agli inevitabili sconvolgimenti provocati dalle nuove tecnologie – come si è visto nel conflitto che contrappone Uber ai taxi tradizionali –, i poteri pubblici farebbero meglio ad accompagnare tali cambiamenti con indennizzi finanziari e programmi di formazione intensiva destinati all'acquisizione di nuove competenze.

Note

[1] David Welch, *The Third Reich: Politics and Propaganda*, London, Routledge, 1993.

[2] David Yanagizawa-Drott, «Propaganda and Conflict: Evidence from the Rwandan Genocide», *Quarterly Journal of Economics*, 129(4), 2014, pp. 1947-1994.

[3] È quanto dimostra lo studio di David Yanagizawa-Drott, Thorsten Rogall, *The Legacy of Political Mass Killings: Evidence from the Rwandan Genocide*, Working Paper, John F. Kennedy School of Government, Harvard University, marzo 2014.

[4] Quamrul Ashraf, Oded Galor, «Dynamics and Stagnation in the Malthusian Epoch», *American Economic Review*, 101(5), 2013, pp. 2003-2041.

[5] Il sito www.cuban-exile.com contiene una ricca documentazione sull'«esodo di Mariel».

[6] Giovanni Peri, Vasil Yasenov, *The Labor Market Effects of a Refugee Wave: Applying the Synthetic Control Method to the Mariel Boatlift*, NBER Working Paper n. 21801, dicembre 2015. Si veda anche l'articolo seminale di David Card, «The Impact of the Mariel Boatlift on the Miami Labor Market», *Industrial and Labor Relations Review*, vol. 43, 1990, pp. 245-257.

[7] Si vedano Cahuc, Zylberberg, *Les Ennemis de l'emploi*, cit.; David Card, John DiNardo, «Do Immigrant Inflows Lead to Native Outflows?», *American Economic Review*, Papers and Proceedings, vol. 90, 2000, pp. 361-367; Pierre Cahuc, Denis Fougère, «Immigration, emplois et salaires», in *Immigration, marché du travail, intégration*, rapporto del Commissariat général du plan, presieduto da François Héran, Paris, La Documentation française, 2002, pp. 323-336; e Simonetta Longhi, Peter Nijkamp, Jacques Poot, «A Meta-analytic Assessment of the Effect of Immigration on Wages», *Journal of Economic Surveys*, 19(3), 2005, pp. 451-477.

[8] Joshua Angrist, Adriana Kugler, «Productive or Counter-Productive? Labor Market Institutions and the Effect of Immigration on European Union Natives», *Economic Journal*, 113, 2003, pp. 302-331.

[9] Per motivi di semplificazione in questo ragionamento tralasciamo il fatto che la produttività di un lavoratore dipende potenzialmente dalle capacità degli altri lavoratori. Un ragionamento più completo prenderebbe in considerazione le interazioni tra la produttività delle differenti categorie di lavoratori. Bisognerebbe allora tener conto delle possibilità di sostituzione tra le diverse tipologie di lavoro e il capitale, e a tal fine occorrerebbe avvalersi della formalizzazione matematica per ricavare risultati chiari. Chi fosse interessato può consultare su questo argomento il lavoro di Pierre Cahuc, Stéphane Carcillo, André Zylberberg, *Labor Economics*, Cambridge, The MIT Press, 2014.

[10] La differenza di disponibilità di capitale tra i vari paesi del mondo è la causa profonda dell'immigrazione per ragioni economiche. Le capacità proprie di ciascun individuo sono evidentemente le stesse a prescindere dal luogo in cui si trova. Ma il volume di «capitale» su cui vengono esercitate tali capacità è molto diverso. I paesi del Nord, ricchi di mezzi di produzione e infrastrutture collettive, possono offrire ai lavoratori meno qualificati impieghi

nettamente più remunerativi rispetto ai paesi del Sud. Sul piano economico, i limiti all'accoglienza degli immigrati sono legati all'impossibilità di accrescere rapidamente il volume del capitale esistente (soprattutto le infrastrutture). Su tutti questi punti, si veda Cahuc, Zylberberg, *Les Ennemis de l'emploi*, cit., capitolo II.

[11] Citato nel rapporto del Commissariat général du plan presieduto da Henri Rouilleault, *Réduction du temps de travail: les enseignements de l'observation*, Paris, La Documentation française, 2001, p. 74.

[12] *Le Monde*, 8 ottobre 2003.

[13] Notiamo che, in un mondo simile, l'occupazione è tanto più elevata quanto meno i dipendenti sono efficienti, dal momento che le aziende sono costrette ad assumere il numero di persone che consente loro di raggiungere l'obiettivo di produzione. In questo caso, un rimedio semplice alla disoccupazione consisterebbe nell'obbligare i lavoratori a ridurre la loro velocità e la loro efficienza per consentire l'assunzione dei disoccupati.

[14] Si veda il lavoro di Gilbert Cette, Dominique Taddei, *Réduire la durée du travail*, Paris, Le Livre de Poche, 1997.

[15] Jennifer Hunt, «Has Work Sharing Worked in Germany?», *Quarterly Journal of Economics*, 114(1), 1999, pp. 117-148. Si può trovare una presentazione più tecnica nel contributo di Pierre Cahuc, André Zylberberg, «Reduction of Working Time and Employment», in Tito Boeri, Michael Burda, Francis Kramarz (eds), *Working Hours and Job Sharing in the EU and USA: Are Europeans Lazy? Or Americans Crazy?*, Oxford, Oxford University Press, 2008.

[16] Michael Skuterud, «Identifying the Potential of Work-Sharing as a Job-Creation Strategy», *Journal of Labor Economics*, 25(2), 2007.

[17] Bruno Crépon, Francis Kramarz, «Employed 40 hours or Not-Employed 39: Lessons from the 1982 Workweek Reduction in France», *Journal of Political Economy*, 110(6), 2002, pp. 1355-1389.

[18] La legge del 13 giugno 1998 (detta Aubry I) fissa la durata legale della settimana lavorativa a 35 ore a partire dal 1° gennaio 2000 per le aziende con oltre 20 dipendenti e dal 1° gennaio 2002 per le altre. Nella sua versione detta «offensiva» proponeva anche delle sovvenzioni per le imprese che si impegnassero, prima della data prevista per il passaggio alle 35 ore, ad aumentare il personale almeno del 6% riducendo l'orario di lavoro del 10%. Nella sua versione «difensiva» prevedeva invece sovvenzioni per le imprese che riducessero l'orario di lavoro rinunciando però a distruggere posti di lavoro nonostante fosse prevista la possibilità di licenziamenti economici (ovvero per giustificato motivo). La legge del 19 gennaio 2000 (detta Aubry II) conferma la riduzione della durata legale della settimana lavorativa a 35 ore per le aziende con oltre 20 dipendenti e istituisce nuovi aiuti e riduzioni dei contributi previdenziali (cosiddetti aiuti strutturali) che però non sono più legati a un numero minimo di nuovi posti di lavoro.

[19] «Le supplice des 35 heures», *Libération*, 17 dicembre 2007.

[20] Questo dato che viene spesso riportato è tratto dall'articolo di sintesi di Alain Gubian, Stéphane Jugnot, Frédéric Lerais, Vladimir Passeron, «Les effets de la RTT sur l'emploi: des

estimations ex ante aux évaluations ex post», pubblicato nel 2004 in un numero speciale di *Économie et statistique* (n. 376-377). Dal momento che questa rivista è pubblicata dall'Insee e che gli autori dell'articolo lavoravano al ministero del Lavoro, il dato è talvolta presentato come «ufficiale».

[21] Matthieu Chemin, Étienne Wasmer, «Using Alsace-Moselle Local Laws to Build a Difference-in-differences Estimation Strategy of the Employment Effects of the 35-Hour Workweek Regulation in France», *Journal of Labor Economics*, 27(4), 2009, pp. 487-524.

[22] Intervista di Michel Onfray sul settimanale *L'Obs* del 4 giugno 2015.

[23] Media per il 2015. Fonte: www.acpm.fr/Support/alternatives-economiques (consultato il 20 giugno 2016).

[24] Relazione a nome della Commissione di inchiesta sull'impatto sociale, economico e finanziario della riduzione progressiva dell'orario di lavoro, Assemblea nazionale, 9 dicembre 2014.

[25] Barbara Romagnan non ignorava tuttavia l'esistenza di tali studi. Questi erano stati debitamente segnalati e sottolineati da Stéphane Carcillo, professore aggiunto alla facoltà di economia dell'Institut d'études politiques di Parigi, in occasione della sua udienza dinanzi alla Commissione il 18 settembre 2014.

[26] Si veda lo studio di Pierre Cahuc, Stéphane Carcillo, Thomas Le Barbanchon, *Do Hiring Credits Work in Recessions? Evidence from France*, IZA Discussion Paper n. 8330, luglio 2014; e *Labor Economics*, cit., sezione II, capitolo XII.

[27] Acronimo di Union Nationale interprofessionnelle pour l'Emploi dans l'Industrie et le Commerce, l'Unédic è l'associazione che in Francia gestisce l'assicurazione contro la disoccupazione per i dipendenti del settore privato e per alcuni del settore pubblico. Si veda www.unedic.org/ [*N.d.T.*].

[28] Jonathan Gruber, David A. Wise (eds), *Social Security Programs and Retirement around the World: the Relationship to Youth Employment*, Chicago-London, The University of Chicago Press, 2010, scaricabile gratuitamente all'indirizzo www.nber.org/books/grub08-1.

[29] Questi risultati sono confermati da uno studio dell'OCSE riguardante 22 paesi in un periodo che comprende la recessione del 2008, «All in it Together? The Experience of Different Labour Market Groups Following the Crisis», in *OECD Employment Outlook 2013*, capitolo primo, OECD Publishing 2013.

[30] Questi fatti sono ben documentati in David H. Autor, David Dorn, «The Growth of Low Skill Service Jobs and the Polarisation of the US Labor Market», *American Economic Review*, 103(5), 2013, pp. 1553-1597; e Maarten Goos, Alan Manning, Anna Salomons, «Job Polarisation in Europe», *American Economic Review*, 99(2), 2009, pp. 58-63.

[31] Il dato trova conferma anche nella più recente classifica *2016 World's Best Multinational Workplaces* stilata dallo stesso istituto [*N.d.T.*].

[32] *The Future of Jobs*, rapporto del World Economic Forum, gennaio 2016, disponibile all'indirizzo www.weforum.org/reports/the-future-of-jobs.

[33] Si veda l'articolo di Enrico Moretti, «Local Multipliers», *American Economic Review*, Papers and Proceedings, 100(2), 2010, e il suo libro, *The New Geography of Jobs*, Boston-

New York, Houghton Mifflin Harcourt, 2012 (trad. it. *La nuova geografia del lavoro*, Milano, Mondadori, 2013).

[34] Enrico Moretti, Per Thulin, «Local Multipliers and Human Capital in the US and Sweden», *Industrial and Corporate Change*, 22, 201.3.

[35] Occorre distinguere il mito della fine del lavoro dal dibattito sulla fine della crescita, o per lo meno della sua grande debolezza contemporanea e forse futura. È l'economista americano Robert Gordon che, cifre alla mano, ha contribuito alla diffusione del concetto di «stagnazione secolare». Si veda il suo ultimo libro *The Rise and Fall of American Growth*, Princeton, Princeton University Press, 2016. In Francia queste idee sono state riprese da Daniel Cohen nel libro *Le monde est clos et le désir infini*, Paris, Albin Michel, 2015. La «stagnazione secolare» non significa affatto che il numero di posti di lavoro distrutti sarà superiore a quello dei posti di lavoro creati, ma solo che questi ultimi saranno per lo più occupazioni a bassa produttività.

Capitolo 7

COME SBARAZZARSI DEL NEGAZIONISMO ECONOMICO?

Se ai clienti di un supermercato si chiede di scegliere tra:

- uno sconto del 35% sul prezzo di un litro di succo di frutta;
- il 50% in più di succo di frutta allo stesso prezzo;

la maggior parte preferisce la seconda offerta. Ma si sbagliano! Il prezzo al litro è più alto nel secondo caso[1]. L'errore proviene dal fatto che, sebbene 50% sia più grande di 35%, queste percentuali non si applicano alla stessa quantità. Gli esperti di marketing sanno sfruttare le nostre debolezze psicologiche presentandoci le promozioni nel modo più allettante. E spesso noi cadiamo nella loro trappola, perché il primo istinto e le apparenze ci spingono a compiere scelte sbagliate[2]. Allo stesso modo i negazionisti del sapere scientifico sfruttano la nostra ignoranza per confutare le conoscenze consolidate quando queste entrano in conflitto con il nostro intuito. Così, alcuni «sapienti» affermavano che la Terra non poteva girare intorno al Sole perché, se si lascia cadere un sasso dall'alto di una torre, esso cadrà esattamente alla sua base, contraddicendo il fatto che la torre si sposti. Grazie a Isaac Newton e alla sua teoria della gravitazione, sappiamo che questa tesi è sbagliata, pur essendo a prima vista molto convincente poiché sfrutta intuizioni derivanti dal nostro vissuto quotidiano. Non possiamo però affidarci unicamente all'intuito e al «buonsenso» per comprendere il mondo in cui viviamo, ma dobbiamo fare riferimento ad altri elementi.

Il parametro migliore è la conoscenza prodotta dalla comunità scientifica. Per sapere ciò che accade a livello climatico, è preferibile fare riferimento ai climatologi esperti anziché ai veggenti o addirittura a geochimici, come Claude Allègre, la cui specializzazione non è il clima. Per conoscere il modo migliore per guarire da un tumore, è auspicabile fare affidamento ai ricercatori in campo medico anziché ai medium, ai guaritori o agli agopuntori. Fidarsi di una comunità costituita da migliaia di ricercatori resta l'opzione migliore per avere un'opinione informata sugli argomenti che non conosciamo. Si tratta nondimeno di una forma di scommessa perché, pur costituendo il mezzo più affidabile per produrre conoscenze, la scienza può sbagliarsi. Tuttavia, dubitare sistematicamente dei risultati ottenuti dai ricercatori competenti nell'argomento in questione, e scegliere di fidarsi di sedicenti esperti, è molto più rischioso.

Ombre e luci della produzione scientifica

Nella scienza è il consenso della comunità dei ricercatori, se presente, a costituire la migliore approssimazione alla «verità». Tale consenso si fonda su articoli pubblicati in riviste scientifiche. Concretamente queste ultime sono dirette da un comitato editoriale composto da ricercatori prestigiosi di nazionalità diverse, che riceve ogni articolo inviato alla rivista e chiede poi a esperti della materia di redigere referaggi anonimi in termini di pertinenza e apporto scientifico. Il comitato decide allora di pubblicare o meno l'articolo, dopo averne eventualmente e preventivamente chiesto delle modifiche. Questa procedura di *peer review* è il marchio di fabbrica della produzione scientifica.

Le riviste scientifiche più rinomate fanno appello ai migliori ricercatori per valutare la qualità degli articoli e, di conseguenza, le loro pubblicazioni sono le più accreditate. Tutte le discipline scientifiche possiedono delle «classificazioni» (*ranking* in inglese) che rispecchiano la reputazione delle riviste. Più una rivista si trova in alto in queste classifiche, più severa sarà la selezione degli articoli e più elevata la credibilità di quanto vi è pubblicato. Il ranking si basa principalmente sulla frequenza delle citazioni degli articoli pubblicati (denominata *impact factor*). Le classificazioni delle riviste proprie di ciascuna disciplina sono di dominio pubblico, essendo disponibili sui siti degli istituti scientifici di riferimento (i vari Centri o Consigli nazionali per la ricerca piuttosto che le diverse Accademie nazionali). I ranking delle riviste di economia possono essere trovati per esempio sul sito dell'Association française de science économique (AFSE)[3] o sul sito IDEAS[4], che propone classifiche per circa 1.700 riviste di economia.

In ogni settore scientifico un consenso si sviluppa quando diversi articoli sulle migliori riviste conducono a risultati convergenti. Se questi ultimi si basano su dati numerici, questi devono essere disponibili affinché altri ricercatori possano verificarne la validità. L'elaborazione del sapere è un'opera collettiva in cui ogni ricercatore apporta risultati la cui solidità è testata da altri colleghi. La «conoscenza scientifica» è la fotografia di quest'opera collettiva in un dato momento. È l'immagine più attendibile di ciò che sappiamo sulla situazione nel mondo, e non è un'immagine fissa ma in costante evoluzione.

In tale contesto la carriera di uno scienziato consiste nella ricerca... e nella pubblicazione. Un ricercatore che non pubblica, o che lo fa molto poco, non ha alcuna credibilità, e i migliori scienziati rendono noti i propri lavori sulle migliori riviste. Esistono dunque dei ranking dei ricercatori basati fondamentalmente sulle classificazioni delle testate che riportano i loro contributi. Il sito IDEAS elenca le pubblicazioni e i ranking di oltre 45.000 ricercatori in economia. Il loro prestigio e la loro carriera dipendono da tali classificazioni. Trovare posto su riviste prestigiose è pertanto una sfida molto importante. Una sola pubblicazione in una di queste riviste può rivelarsi parecchio redditizia se dà accesso a un posto, a una promozione... o a un compenso proveniente da una potente lobby. Una ragione in più perché qualcuno manipoli i propri dati o esperimenti per ottenere risultati «innovativi». D'altronde i comitati editoriali possono anche favorire ricercatori a cui sono legati pubblicando articoli il cui contenuto non è stato convalidato dai colleghi. Tuttavia, un ricercatore che imbroglia ha poche possibilità di mantenere una buona reputazione in una comunità scientifica composta da diverse migliaia di persone. I risultati rilevanti sono esaminati minuziosamente, per cui gli errori e le manipolazioni finiscono per essere individuati.

Nel 1998, per esempio, sulla prestigiosa rivista scientifica *The Lancet*, il dottor Wakefield e il suo team hanno pubblicato un articolo che metteva in evidenza un legame tra l'autismo e il vaccino contro il morbillo, la parotite e la rosolia (MPR). Questo risultato è stato ampiamente diffuso dai mass media. Tuttavia l'articolo in questione si basava sull'esame di soli dodici pazienti affetti da malattie infiammatorie croniche intestinali e da autismo. Le dimensioni ridotte del campione e l'assenza di un protocollo sperimentale, che sarebbe consistito nel raffronto tra un gruppo trattato e un gruppo di controllo, hanno sollevato l'attenzione della comunità scientifica[5]. Alcuni ricercatori hanno cercato di riprodurre quei risultati su campioni differenti e non vi sono mai pervenuti. Questi insuccessi hanno dato origine a ulteriori indagini la cui conclusione è stata che il dottor Wakefield aveva manipolato i risultati. Di conseguenza, nel 2010 *The Lancet* ha segnalato che questo articolo risultava privo di fondamento e che era stato pubblicato indebitamente. Il dottor Wakefield ha perduto l'abilitazione all'esercizio della professione medica nel 2011. Da allora è impegnato nell'attivismo antivaccinazione.

La produzione scientifica non è dunque al riparo da sofisticate manipolazioni. Un'indagine condotta dalla rivista *Science*[6] ha rivelato che agenzie con sede in Cina offrivano a chiunque la possibilità di co-firmare articoli scientifici – pur non contribuendovi – pagando tra i 1.600 e i 26.300 dollari. Alcune di queste agenzie si sono addirittura spinte fino a piratare siti di riviste scientifiche affinché gli articoli che venivano loro spediti ai fini di una pubblicazione fossero convalidati da complici, persino dagli stessi autori.

La produzione scientifica non è dunque perfetta. Su riviste prestigiose possono apparire articoli contenenti errori o che risultano manipolati. Per questo motivo è spesso prudente attendere la pubblicazione di più contributi su riviste differenti, scritti da ricercatori diversi, per essere certi della pertinenza di un risultato. Malgrado tutte le sue imperfezioni, l'approccio scientifico costituisce il modo più affidabile per produrre conoscenze. Lo sguardo incrociato di numerosi ricercatori, esperti in uno stesso campo, incentivati a produrre risultati innovativi e verificabili, rappresenta il mezzo migliore per ridurre al minimo le frodi e gli errori. È questa la conoscenza più degna di fiducia. Tuttavia, è oggetto di critiche incessanti, all'apparenza spesso molto convincenti – basate sempre sulla stessa strategia negazionista utilizzata dall'industria del tabacco per contrastare la rivelazione dei danni della sigaretta sulla salute, dai climato-scettici per negare la responsabilità delle attività umane nel riscaldamento climatico o, ancora, da alcuni impianti produttivi nel tentativo di minimizzare la portata dei disastri causati dalle piogge acide. Questa strategia è destinata a screditare la conoscenza scientifica quando dà fastidio, e si inserisce nel negazionismo economico. Ci apprestiamo ora a decifrarla[7].

Seminare il dubbio e condannare «il pensiero unico»

Quando su una determinata questione la comunità dei ricercatori perviene a un consenso, il principio di base della strategia negazionista sta nel seminare il dubbio sulla sua pertinenza. Una linea d'azione molto efficace consiste nel ricordare che in ambito scientifico non vi è nulla di assolutamente certo e che, di conseguenza, «sono necessarie più ricerche». Tale sviamento dell'approccio scientifico sfrutta l'impossibilità di affermare che l'attuale consenso scientifico non sarà mai messo in discussione. Per esempio, l'ultimo rapporto del GIEC riflette il consenso dei ricercatori sulle origini del riscaldamento climatico, *alla data della sua pubblicazione*. Ma non per questo le ricerche si fermano. In futuro esse potranno rafforzare o indebolire il consenso esistente. Nella seconda eventualità tale consenso sarà modificato o addirittura abbandonato. Avanzare spiegazioni «differenti» da quelle del consenso – senza passare attraverso il filtro della *peer review* – con il pretesto che «non vi è nulla di assolutamente certo» e che dunque «sono necessarie più ricerche», equivale a screditare il fondamento stesso dell'approccio scientifico.

Molto spesso chi adduce queste spiegazioni «differenti» critica il consenso scientifico definendolo «pensiero unico» oppure «opinione dominante». Contrastare una posizione consolidata ha un effetto appagante sulla psicologia delle persone[8]. A nessuno, infatti, piace veramente confondersi nel gruppo, per cui, esaltando convinzioni differenti dal consenso, se non addirittura trasgressive, la retorica negazionista fornisce a chi vi fa riferimento l'illusione di una superiorità intellettuale. I teorici del complotto fanno leva su questo fattore, cosicché chi li ascolta è convinto di non far più parte della massa degli ingenui. Anche in questo caso si tratta di una deviazione dell'approccio scientifico: quest'ultimo, pur basandosi sulla concorrenza tra ipotesi diverse, valorizza il consenso, ambisce a un «pensiero unico»... ed è un successo quando vi perviene!

È sorprendente constatare fino a che punto la maggior parte dei discorsi critici sull'economia «ortodossa» rientri in questa strategia. Nel 2015 gli economisti eterodossi si riuniscono intorno a un testo intitolato *À quoi servent les économistes s'ils disent tous la même chose? Manifeste pour une économie pluraliste* (*A che cosa servono gli economisti se dicono tutti la stessa cosa? Manifesto per un'economia pluralista*)[9]. La formula principale del negazionismo scientifico è chiara già dal titolo: «dire la stessa cosa» è necessariamente negativo, e la salvezza può venire solo dal «pluralismo». Pagina dopo pagina, il manifesto ripete che «soltanto un vero pluralismo può rappresentare un baluardo contro l'oscurantismo»[10], che l'interesse collettivo si costruisce nel «confronto delle opinioni»[11] o, ancora, che su questioni fondamentali – per esempio, le disuguaglianze e la disoccupazione – «è fondamentale poter disporre di diagnosi contraddittorie e informate. Senza di queste non vi è democrazia»[12]. Tale argomentazione assomiglia parecchio a quella delle industrie del tabacco. Il manifesto omette semplicemente di dire che il ruolo dell'approccio scientifico consiste proprio nell'operare una selezione tra le «diagnosi contraddittorie». Ciò non significa che esso proibisce la diversità delle opinioni o delle teorie, tutt'altro, ma la logica della produzione scientifica non ha nulla a che vedere con il funzionamento della democrazia. Non sono i cittadini, per quanto possano essere illuminati, a giudicare la pertinenza di un risultato scientifico. Soltanto degli esperti all'avanguardia nella loro area di ricerca, generalmente molto ristretta, sono in grado di emettere giudizi del genere. Sono i risultati passati al setaccio della critica scientifica a consentire di risolvere, o per lo meno di chiarire, le discussioni. Ma di tutto ciò non si parla affatto. Peggio, il manifesto accusa l'economista (ortodosso) di vivere «in un mondo sempre più lontano dalla realtà, con criteri di rigore formale che prevalgono su quelli di pertinenza empirica»[13]. È vero invece l'esatto contrario: abbiamo visto finora come l'economia (ortodossa) sia diventata una disciplina sperimentale che, per definizione, privilegia «i criteri di pertinenza empirica»; sono gli economisti eterodossi a rifiutarsi di sottostare a tali criteri.

Questo manifesto è stato firmato da intellettuali famosi, senza alcuna competenza specifica in economia, come Edgar Morin (sociologo e filosofo), Dominique Méda (sociologo e filosofo), Étienne Balibar (filosofo) o Luc Boltanski (sociologo). È stato inoltre sottoscritto da Jean-Louis Beffa (imprenditore di cui abbiamo parlato nel capitolo 2). Tutte queste persone si credono autorizzate a esprimere un parere su una disciplina che non è di loro competenza perché, al di là di una certa prossimità ideologica con gli autori del *Manifeste*, sono convinte che l'economia sia una questione di opinioni o di punti di vista. Negando la pertinenza del processo di produzione scientifica, favoriscono l'oscurantismo.

A tale proposito, l'esempio di Axel Kahn è illuminante. Axel Kahn è un genetista di primissimo piano, è stato direttore dell'Istituto Cochin e presidente dell'Università Paris-Descartes. Ha pubblicato sulle maggiori riviste internazionali del suo settore. Conosce dunque meglio di chiunque altro le esigenze della produzione del sapere. Tuttavia, nel 2013, non esita a pubblicare un'opera... di economia[14]! In essa dà prova di erudizione e giudica severamente la direzione assunta da questa disciplina affermando, senza citare alcuna pubblicazione, che la scienza economica – così come è insegnata oggi – diffonde l'immagine di un mercato «autoregolamentato» e che le «recenti sintesi matematiche» hanno invece dimostrato «l'assurdità dell'ambizione di ancorare l'economia alle scienze esatte»[15]. Kahn è un vero scienziato e se si permette di esprimere un giudizio così perentorio sull'attuale sviluppo dell'analisi economica significa una cosa sola: che ignora che quest'ultima è una disciplina caratterizzata dagli stessi criteri di convalida dei risultati della biologia o della medicina. Kahn ritiene che l'economia sia un teatro in cui vengono messe perennemente in scena sempiterne dispute ideologiche. Queste esistono senz'altro ma, come in qualunque disciplina scientifica, sono arbitrate da procedure di verifica sperimentale.

Promuovere associazioni scientifiche «alternative»

La guerra contro la scienza fa spesso affidamento su associazioni scientifiche che producono le loro «ricerche» senza sottoporle a lunghe e minuziose procedure di valutazione, guidate dai migliori esperti, come avviene di regola nella scienza normale, le cui procedure di *peer review* sono condannate in quanto tese a eliminare qualsiasi pensiero dissidente e a consentire al contrario la promozione di tutto ciò che è in linea con il «pensiero unico». Nel settore del clima, per opporsi al consenso degli esperti riuniti in seno al GIEC, alcuni grandi gruppi petroliferi hanno avuto l'idea di finanziare un'associazione scientifica «alternativa», ovvero climato-scettica[16]. Il (piccolo) mondo dell'economia francese conosce simili peripezie.

Dal 1950, esiste una Association française de science économique (AFSE) aperta a tutti gli economisti professionisti del mondo accademico, aziendale o della pubblica amministrazione. Ma gli economisti eterodossi ritenevano che essa fosse un po' troppo *mainstream* – vale a dire ortodossa – per i loro gusti, e così nel 2009 hanno creato una società «econo-scettica», cioè l'Association française d'économie politique (AFEP) con l'intento, inutile dirlo, di «difendere il pluralismo in economia». Come l'AFSE, l'AFEP organizza convegni e conferenze e ha addirittura certificato un «gruppo di dottorandi-AFEP» impegnati nell'elaborazione di tesi che si allontanano dalle posizioni *mainstream*.

L'AFEP è quasi riuscita a mettere a segno un vero e proprio colpo di mano in seno all'università francese. In Francia, la nomina e la gestione delle carriere dei docenti-ricercatori di ateneo dipendono dal Conseil national des universités (CNU), diviso in 77 sezioni disciplinari, di cui una è dedicata all'economia. Ma nel 2014 gli economisti eterodossi che in seno a quest'ultima si ritenevano discriminati hanno richiesto la creazione di una divisione supplementare che sarebbe stata chiamata «Économie et Société», con l'obiettivo di «riconoscere, nell'università, uno spazio di espressione in contrasto con il pensiero economico dominante»[17]. Essi affermano che, «in fondo, è come se, all'improvviso, la natura dell'attività scientifica fosse mutata: ciò che era semplicemente uno strumento di valutazione è diventato l'obiettivo stesso. Non si tratta più di partecipare al progresso della conoscenza, ma di pubblicare sulle cosiddette riviste di eccellenza, a prescindere dalle convinzioni individuali. Non intendiamo ingigantire la situazione, ma è nostra responsabilità far sapere che l'economia così come è praticata oggi è sempre più caratterizzata da questa deriva opportunista. La pressione a pubblicare sulle "grandi" riviste finisce per avere la meglio su qualsiasi altro obiettivo, oltre ogni limite ragionevole»[18]. Il *Manifeste pour une économie pluraliste* denuncia l'evoluzione dell'economia a livello universitario verso il modello comune delle discipline scientifiche, basato sulla valutazione *inter pares* nel processo di pubblicazione su scala internazionale.

Nell'università francese inizialmente l'economia era insegnata nelle facoltà di giurisprudenza, i cui criteri di valutazione si basano su una comunità essenzialmente nazionale, a causa delle specificità della materia. L'economia è diventata autonoma solo progressivamente, adottando le modalità di funzionamento di tutte le discipline scientifiche, cosa di cui si lamentano i firmatari del Manifesto. Najat Vallaud-Belkacem, ministro dell'Istruzione nel secondo governo Valls e nel governo Cazeneuve dal 2014 al 2017, e Geneviève Fioraso, segretaria di Stato per l'Insegnamento superiore, la Ricerca e l'Innovazione dal 2012 al 2015, avevano formalmente promesso all'AFEP la creazione della sezione «Économie et Société». Numerosi economisti e rettori universitari si sono mobilitati contro tale iniziativa. Jean Tirole, premio Nobel per l'economia nel 2015, ha scritto una lettera a Geneviève Fioraso in cui ricorda che «è indispensabile che la qualità della ricerca sia valutata sulla base di pubblicazioni, obbligando ogni ricercatore a confrontarsi con il giudizio dei colleghi. È il fondamento stesso dei progressi scientifici in tutte le discipline. Sottraendosi a tale valutazione si promuove il relativismo delle conoscenze, anticamera dell'oscurantismo. Gli economisti autodefinitisi "eterodossi" hanno il dovere di rispettare questo principio fondamentale della scienza. La creazione di una nuova sezione del CNU intende invece sottrarli a tale disciplina». Dopo la pubblicazione della lettera, Tirole è diventato bersaglio privilegiato della vendetta degli economisti eterodossi. Ma l'università francese l'ha scampata bella: ha rischiato di ospitare una sezione aperta a ogni forma di negazionismo economico.

Denunciare gli interessi mercantili o ideologici

Non è sufficiente far dubitare del consenso. Occorre anche spiegare il motivo per cui tutta una comunità di scienziati esperti nel loro settore si coordinerebbero per enunciare delle falsità. La risposta negazionista è semplice: tale comunità, perlomeno la sua grande maggioranza, è subordinata, a livello economico o ideologico, a un attore molto potente: per esempio la finanza o lo Stato, di cui essa difende gli interessi. Il GIEC è stato così accusato di essere uno strumento nelle mani dei fautori della «regolamentazione» statale. Quanto agli economisti ortodossi a ispirarli sarebbe invece la «deregulation» a oltranza, voluta dalla finanza internazionale.

Il GIEC è un organismo incaricato dai governi di 195 nazioni per far progredire le conoscenze scientifiche sull'evoluzione del clima, da cui la presenza, nell'acronimo, della «I» che sta per «intergovernativo». Creando associazioni scientifiche «alternative», i climato-scettici hanno voluto avvalorare l'idea che gli esperti del GIEC non fossero indipendenti, ma *al servizio* dei governi. I climato-scettici assimilarono così il GIEC a una macchina da guerra nelle mani dei sostenitori della «regolamentazione» operata dallo Stato e il cui vero bersaglio era la libertà di impresa: un'argomentazione di un certo peso in alcuni paesi, in particolare negli Stati Uniti. Sulla stessa linea gli industriali del tabacco britannici avevano creato dal nulla un'associazione «scientifica» chiamata FOREST (Freedom Organisation for the Right to Enjoy Smoking Tobaco) che, nel 1994, elaborò un rapporto in cui si affermava che la scienza era manipolata con il fine di far passare un programma politico «socialista». Secondo FOREST, il tabacco non è che l'inizio: alla fine lo Stato vorrà controllare ogni cosa nella vita dei cittadini. Il potere di questi ultimi si sgretolerà a beneficio di quello dei burocrati aiutati dai loro «tirapiedi» scientifici. L'industria del tabacco simboleggiava la resistenza alla censura delle libertà individuali[19].

L'economia *mainstream* subisce il medesimo discredito del GIEC, con la differenza che non è accusata di essere il «tirapiedi» scientifico dello Stato, ma della finanza internazionale. Nella strategia negazionista c'è sempre un maestro che tira le fila. Dunque, secondo gli Economisti Sgomenti, «la maggior parte degli economisti che intervengono nel dibattito pubblico lo fanno per giustificare o razionalizzare l'assoggettamento delle politiche alle esigenze dei mercati finanziari»[20]. Queste accuse sono condivise dai filosofi Jean-Claude Michéa e Frédéric Lordon, ma anche dal giornalista del sito *Média-part* Laurent Mauduit[21]. Steve Keen, professore all'Università londinese di Kingston e autore di una sorta di Bibbia del negazionismo economico intitolata *L'Imposture économique*[22], è sulla stessa lunghezza d'onda quando accusa gli economisti ortodossi di presentarsi come scienziati mentre non sono altro che «attivisti politici» i cui propositi li portano a preferire i ricchi ai poveri, i capitalisti ai lavoratori e i privilegiati ai disagiati. Gaël Giraud, direttore di ricerca al CNRS, capo economista dell'Agence française de développement (AFD) e, per inciso, grande detrattore dell'economia *mainstream*, ha scritto la prefazione al libro di Keen, spiegando il motivo per cui gli economisti ortodossi tacciono le incoerenze della loro teoria. La risposta è evidente: se le svelassero al mondo, correrebbero il rischio di non poter più pubblicare sulle grandi riviste internazionali e dunque di non «beneficiare più della manna a cui danno accesso le *revolving doors* (negli Stati Uniti così come in Europa): in particolare di quella dei consulenti finanziari che dall'oggi al domani possono moltiplicare la loro "produttività marginale" per 10, 50, 100...». Dovrebbe essere dunque chiaro che gli economisti ortodossi hanno fomentato un vasto complotto del silenzio sulle incoerenze della loro teoria per servire la finanza e ricavarne enormi profitti.

La sociologa e filosofa Dominique Méda, firmataria del *Manifeste pour une économie pluraliste*, condivide l'opinione di Giraud: ritiene che gli economisti ortodossi «siano diventati i consiglieri del principe» e saluta gli (altri) economisti «che fanno parte della disciplina e accettano di metterne in luce le lacune». In altri termini, gli economisti del *mainstream* nascondono la verità alla brava gente, ma fortunatamente gli altri hanno il coraggio di «rivelarla». D'altronde, Dominique Méda ritiene che si dovrebbero obbligare gli esperti «a confrontarsi sistematicamente con assemblee cittadine»[23]: un tribunale popolare che in qualche modo giudichi gli economisti. È chiaro che Méda ignora completamente l'approccio scientifico. Questo non è fatto di compromessi o mercanteggiamenti, non deve confrontare le sue conclusioni con quelle che potrebbero provenire da altre fonti, foss'anche da assemblee «cittadine». Saremmo tentati di aggiungere che non dovrebbe farlo per nessun motivo. L'approccio scientifico fornisce conclusioni pertinenti soltanto attenendosi scrupolosamente ai protocolli che si è assegnato, non altrimenti.

Condannare la scienza perché non spiega tutto

Un'altra ricetta della strategia negazionista in ambito scientifico consiste nel rilevare anomalie che la scienza non spiega oppure degli errori, per denigrare l'intero edificio e rivendicare la necessità di ricostruire tutto su basi nuove. Questa linea d'azione si rivela anche molto efficace poiché focalizza l'attenzione dei mass media e del grande pubblico su esempi facilmente comprensibili, come quello di un fumatore di ottant'anni che non ha alcun tumore al polmone o un inverno particolarmente rigido quando invece il GIEC sostiene che il pianeta si riscalda. In primo luogo, questa linea fa leva sul carattere *statistico* della maggior parte delle «leggi» fisiche o economiche, come dimostrano i due esempi citati. Il riscaldamento climatico è una tendenza statistica a lungo termine: non presuppone che la temperatura dell'anno in corso superi necessariamente quella dell'anno precedente. Tuttavia l'aspetto statistico di un fenomeno non è facilmente intelligibile da tutti, perché può sembrare contraddittorio rispetto alle esperienze personali (il mio vicino è un fumatore di ottant'anni e quest'inverno in Normandia è più rigido di quello dello scorso anno). In secondo luogo, ma non meno importante, le anomalie e gli errori sono insiti nell'approccio scientifico. Questo è per natura una successione di tentativi ed errori e non spiega tutto. Restano fatalmente lati oscuri e anomalie. Quel che importa è sapere se il consenso scientifico spiega comunque molte cose *a prescindere* da alcune anomalie e nonostante gli errori che possono essere stati commessi. E la risposta è evidentemente affermativa, altrimenti sarebbe stato abbandonato da tempo dalla comunità scientifica.

A tale proposito, la portata della crisi finanziaria del 2008 è stata elevata al rango di «anomalia rivelatrice» da tutti gli economisti eterodossi e numerosi intellettuali. Secondo loro la crisi ha «rivelato» definitivamente l'assurdità di tutto l'edificio su cui era costruita l'economia «dominante». Così, nel 2015, André Orléan, presidente in carica dell'AFEP, dichiarava in un articolo pubblicato sul quotidiano *Le Monde*: «Abbiamo forse dimenticato il terribile fallimento degli economisti, incapaci di mettere in guardia dalla crisi del 2008? Ricordiamo che, per vent'anni, l'efficienza finanziaria è stata venduta *urbi et orbi* come la "proposta economica dotata dei più solidi fondamenti empirici"!»[24]. Dopo l'assegnazione del premio Nobel per l'economia al francese Jean Tirole, l'AFEP aveva diffuso un comunicato in cui si rammaricava che il premio fosse sempre attribuito a economisti collocati nel *mainstream*, malgrado «il collasso economico successivo alla cieca applicazione dei precetti di tale approccio diventato standard»[25]. Nella prefazione al libro di Steve Keen menzionato in precedenza, Gaël Giraud dà il colpo di grazia: «La teoria economica deve essere riscritta da cima a fondo, se vogliamo che sia una cosa diversa da una serie di favole».

Si potrebbe ribattere che alcuni economisti perfettamente ortodossi avevano sottolineato la forte probabilità di una crisi finanziaria, all'indomani della politica monetaria espansionista condotta dalla Fed e delle bolle finanziarie degli anni Duemila. Raghuram Rajan, professore di finanza all'Università di Chicago, ritenuta il covo del neoliberismo, aveva dato il segnale di allarme già nel 2005 in occasione di una conferenza in onore di Alan Greenspan, governatore della Federal Reserve americana[26]. Robert Shiller, premio Nobel per l'economia nel 2013, aveva inoltre sottolineato, sin dall'inizio degli anni Duemila, la forte probabilità di una crisi finanziaria legata alla bolla immobiliare negli Stati Uniti[27]. Altri economisti, per non dire la maggioranza, non condividevano questi pareri. Ma la sostanza del problema è di natura differente: la scienza economica non è semplicemente in grado di prevedere il futuro di un mondo molto complesso, dove interagiscono una moltitudine di fattori e in particolare quando si tratta di eventi rari che si verificano poche volte nel corso di un secolo. Allo stesso modo, la medicina non è in grado di prevedere la prossima grande epidemia e addirittura se ce ne sarà una. Per questo motivo dovremmo allora fidarci di chiaroveggenti o di sedicenti guaritori? Sicuramente no. Dobbiamo fare affidamento sui medici e sugli economisti che si fondano sulle conoscenze convalidate dalle comunità scientifiche; con ogni probabilità, chi privilegia altre vie è un ciarlatano. Purtroppo questa è la posizione adottata dai nostri intellettuali critici o eterodossi e da alcune personalità politiche nella loro scia. Essi respingono sistematicamente le conoscenze convalidate e propongono ricette miracolose (per esempio ridurre le ore lavorative o accrescere la spesa pubblica in ogni circostanza) che non si basano su alcuna seria convalida. Quanto a riscrivere la teoria economica «da cima a fondo», come propongono Keen e Giraud, le riviste scientifiche aspettano a braccia aperte.

Perché i mass media non hanno interesse a privilegiare il sapere scientifico?

Il *New York Times*, quotidiano ritenuto piuttosto obiettivo dal pubblico americano, ha smesso di dare spazio al negazionismo scientifico delle industrie del tabacco nel 1979, cioè oltre vent'anni dopo che erano stati chiaramente rivelati i danni del fumo sulla salute! Presentando per diversi anni un punto di vista «equilibrato» sulla questione, gli editori del *New York Times* avevano scongiurato il rischio di essere percepiti in stretto contatto con organizzazioni o rappresentanti eletti che chiedevano misure contro il tabagismo o semplicemente di schierarsi *a favore* di tali misure. Così facendo mantenevano la loro reputazione di obiettività. Il *New York Times* ha abbandonato questa posizione «equilibrata» nel momento in cui denunciare i danni del fumo non è più stato percepito come un atteggiamento di parte. Analogamente i climato-scettici hanno potuto esprimersi sui mass media fintanto che la responsabilità umana nel riscaldamento climatico è stata considerata un'opinione faziosa condivisa da organizzazioni o partiti collocati piuttosto a sinistra dello scacchiere politico. Il GIEC ha impiegato molto tempo a far accettare l'idea che la responsabilità umana nel riscaldamento del pianeta fosse semplicemente una conclusione scientifica a cui era pervenuta la comunità dei climatologi senza alcuna influenza da parte delle pressioni economiche, politiche o sociali subite da tale comunità.

Pertanto, paradossalmente, la preoccupazione di mantenere una reputazione di obiettività da parte dei mass media non favorisce la conoscenza scientifica[28]. Dal momento che, scrivendo un articolo «equilibrato», un giornalista mantiene tale reputazione, le lobby hanno interesse a fornirgli argomentazioni apparentemente credibili da contrapporre alle conoscenze consolidate. Questa distorsione del concetto di reputazione è ancora più forte nell'ambito delle informazioni economiche, in quanto la maggior parte dei giornalisti non sa che l'economia è passata nel settore delle scienze sperimentali. Continuano a percepire questa disciplina come un confronto di opinioni o di visioni della società, analogamente alla politica. La deontologia professionale si somma così a un'idea distorta di reputazione per spingerli verso presentazioni «equilibrate» dei punti di vista esistenti. L'offensiva mediatica di Louis Gallois descritta nel capitolo 2 è emblematica. Gran parte della stampa, compresi i quotidiani specializzati nelle questioni economiche, si è mantenuta in equilibrio tra la posizione di Gallois e quella su cui convergeva il consenso degli economisti. La presenza sistematica di economisti di «ogni orientamento» nei mass media rientra nella stessa logica.

Istruzioni per contrastare il negazionismo economico

Per non essere ingannati da informazioni pseudoscientifiche, in economia così come in qualsiasi altro campo, vi sono alcuni principi da rispettare[29].

Una precauzione minima consiste nell'assicurarsi che le informazioni siano ricavate da testi pubblicati su riviste scientifiche riconosciute, che seguono le procedure di *peer review*. Come abbiamo segnalato in precedenza, tali procedure garantiscono che i testi pubblicati siano stati sottoposti al vaglio della critica di veri e propri esperti.

I risultati che compaiono per la prima volta nei rapporti o nei libri, anche a elevata tiratura, non hanno alcuna affidabilità, semplicemente perché queste pubblicazioni non hanno superato il filtro del controllo *inter pares*. Gli editori non hanno evidentemente la competenza di valutazione propria del mondo accademico e la loro prima preoccupazione consiste nell'accertarsi del potenziale di vendita di un libro più che della perfetta legittimità scientifica degli argomenti in esso contenuti. D'altronde, un libro che si vanta di presentare dei risultati che si contrappongono al consenso oppure al pensiero unico o all'ideologia dominante, è con ogni probabilità un inganno dal punto di vista scientifico.

In ambito scientifico è impossibile ignorare i confini disciplinari. Claude Allègre è un grande geochimico, ma questo non lo autorizza a intervenire in modo così perentorio nel dibattito sul cambiamento climatico. Un geochimico non è un climatologo. Un grande imprenditore non è un economista. È un errore profondo credere che una persona molto competente in un settore, un premio Nobel per esempio, lo sia necessariamente in altri campi. Spesso è vero addirittura il contrario, considerando quanto la ricerca sia ormai specializzata. Occorre dunque verificare con attenzione l'ambito di competenza di un esperto. In particolare bisogna diffidare dei «generalisti» in campo economico. Un esperto in commercio internazionale non è per forza al corrente dei progressi delle conoscenze nel settore dell'economia digitale e viceversa. Potrebbe essere utile consultare la pagina web di un economista e far riferimento alla classificazione del sito IDEAS[30] per ricavarne informazioni utili. Se ne può individuare l'ambito di competenza e, per inciso, rilevare la qualità dei suoi lavori attraverso l'analisi dei mezzi di comunicazione su cui pubblica.

Tutta la strategia della pseudo-scienza tende in ultima analisi a influenzare i mass media nella loro presentazione delle informazioni disponibili. Dal momento che i mezzi di comunicazione abituali della produzione scientifica normale sono evidentemente preclusi ai negazionisti della scienza, questi non hanno «che» i mass media per diffondere le loro tesi. Delle falsità possono così essere contrapposte alle conoscenze consolidate per lunghi periodi. Che cosa si può fare per cercare di modificare questa triste realtà? Sono necessari dei cambiamenti, tanto per i ricercatori quanto per i giornalisti.

I giornalisti dovrebbero smettere di fare sistematicamente ricorso agli stessi opinionisti, soprattutto quando questi non hanno alcuna attività di ricerca comprovata pur essendo in grado di esprimersi su ogni argomento. Dovrebbero piuttosto rivolgersi a veri esperti. Per quel che riguarda la Francia, per esempio, la classificazione di oltre 800 economisti sul sito IDEAS[31] può aiutarli a selezionare dei consulenti competenti. In ogni caso, occorre consultare le pagine web dei ricercatori per assicurarsi che le loro pubblicazioni figurino in riviste scientifiche di buon livello, la cui lista è disponibile sempre sul sito IDEAS[32]. Se negli ultimi cinque anni un economista non ha pubblicato nulla sulle 1.700 riviste classificate sul sito, si può concludere che non sia più un ricercatore attivo da parecchio tempo, ed è preferibile rivolgersi a qualcun altro per avere un parere informato. I giornalisti dovrebbero anche chiedere sistematicamente i riferimenti degli articoli su cui i ricercatori si basano per esprimere le loro opinioni e, laddove opportuno, esigere che tali articoli siano messi online a disposizione dei lettori, ascoltatori o telespettatori.

Con ogni probabilità i ricercatori attivi nella vita politica o associativa esprimono pareri che rispecchiano più il loro impegno che il consenso scientifico. Come aveva affermato con determinazione Max Weber nell'opera *Il lavoro intellettuale come professione*, «ogniqualvolta l'uomo di scienza mette innanzi il proprio giudizio di valore, cessa la perfetta intelligenza del fatto»[33]. Tuttavia, in un'ottica di equilibrio dei punti di vista, sono più spesso questi ricercatori impegnati a essere invitati a esprimersi sui mass media. I giornalisti dovrebbero per lo meno precisare gli impegni di tutti i loro ospiti e favorire gli interventi di ricercatori non impegnati il cui obiettivo si limita a comunicare le conoscenze acquisite nel proprio campo.

I ricercatori migliori sono tradizionalmente restii a occupare i mass media. La ricerca di alto livello è un'attività mangia-tempo e un'eccessiva esposizione mediatica può diventare nefasta per la loro carriera accademica. Un atteggiamento diverso è comunque necessario, soprattutto in economia, dove il negazionismo scientifico è onnipresente. Ogni ricercatore dovrebbe aggiornare sistematicamente la propria pagina web, indicando le proprie aree di specializzazione e la dichiarazione di propri interessi. Dovrebbe impegnarsi a seguire le notizie correlate al suo ambito di competenza in modo da essere pronto a rispondere alle sollecitazioni mediatiche. In tali occasioni, non deve esitare a denunciare i discorsi negazionisti che imperversano nel suo settore mettendone in evidenza gli espedienti abitualmente utilizzati per denigrare la scienza normale. Deve inoltre ricordare costantemente che l'approccio scientifico si basa su norme imprescindibili e rigorose, e chiarire con precisione che qualsiasi intervento nel dibattito (scientifico) che non le rispetti ha lo stesso valore di un'intervista estemporanea. In tal modo, alla lunga il consenso scientifico finirà per avere la meglio sulle falsità diffuse dai negazionisti di ogni sorta.

Note

[1] Se un litro di succo di frutta costa 10 euro, con il 50% di prodotto in più allo stesso prezzo il costo al litro sarà pari a 6,66 euro (10/1,5), con uno sconto del 33%, dunque meno del 35%. Questo esempio è tratto da un esperimento riportato nell'articolo di Haipeng Allan Chen, Howard Marmorstein, Michael Tsiros, Akshay R. Rao, «When More Is Less: the Impact of Base Value Neglect on Consumer Preferences for Bonus Packs over Price Discounts», *Journal of Marketing*, 76(4), 2012, pp. 64-77.

[2] Sull'argomento si vedano Gérard Bronner, *La Démocratie des crédules*, Paris, PUF, 2013, e Daniel Kahneman, *Système 1 / Système 2: les deux vitesses de la pensée*, Paris, Flammarion, 2012. Daniel Kahneman ha ottenuto il premio Nobel per l'economia nel 2002.

[3] www.afse.fr/gene/main.php?base=100048.

[4] https://ideas.repec.org/top/.

[5] «Wakefield's Article Linking MMR Vaccine and Autism Was Fraudulent», *British Medecine Journal*, 342, 2011: dx.doi.org/10.1136/bmj.d1678.

[6] Mara Hvistendahl, «China's Publication Bazaar», *Science*, 342(6162), 29 novembre 2013, pp. 1035-1039.

[7] Si vedano Oreskes, Conway, *Les Marchands de doute*, cit.; Proctor, *Golden Holocaust*, cit.; Specter, *Denialism*, cit.; e Stéphane Foucart, *La Fabrique du mensonge*, Paris, Gallimard, 2014.

[8] Su questo punto si veda Foucart, *La Fabrique du mensonge*, cit.

[9] *À quoi servent les économistes s'ils disent tous la même chose? Manifeste pour une économie pluraliste*, sous la direction de André Orléan, pour l'AFEP (Association Française d'Économie Politique), Paris, Les liens qui libèrent, 2015.

[10] *Ivi*, p. 65.

[11] *Ivi*, p. 12.

[12] *Ivi*, pp. 14-15.

[13] *Ivi*, pp. 91-92.

[14] Axel Kahn, *L'Homme, le libéralisme et le bien commun*, Paris, Stock, 2013.

[15] *Ivi*, p. 150.

[16] L'acronimo GIEC è la trasposizione francese dell'acronimo inglese IPCC (Intergovernmental Panel on Climate Change). L'industria petrolifera ha sollecitato la creazione del NIPCC (Nongovernmental International Panel on Climate Change).

[17] *À quoi servent les économistes s'ils disent tous la même chose?*, cit., p. 5.

[18] *Ivi*, pp. 43-44.

[19] Si possono trovare ulteriori dettagli su FOREST nel libro di Oreskes, Conway, *Les Marchands de doute*, cit., p. 271 e seguenti.

[20] *Manifeste d'économistes atterrés*, cit., p. 3.

[21] Laurent Mauduit, *Les Imposteurs de l'économie*, Paris, Éditions Jean-Claude Gawsewitch, 2012.

[22] Steve Keen, *L'Imposture économique*, Ivry-sur-Seine, Éditions de l'Atelier, 2014.

[23] Queste idee sono espresse nel suo libro, *La Mystique de la croissance*, Paris, Flammarion, 2014.

[24] André Orléan, «Les économistes ont aussi besoin de concurrence», *Le Monde*, 29 gennaio 2015.

[25] *Un «prix de la Banque de Suède» français est une bonne nouvelle, un «prix de la Banque de Suède» pluraliste en serait une bien meilleure!*, comunicato dell'AFEP, http://assoeconomiepolitique.org, 15 ottobre 2014.

[26] Raghuram Rajan, *Has Financial Development Made the World Riskier?*, NBER Working Paper n. 11728, novembre 2005.

[27] Robert Shiller, *Irrational Exuberance*, Princetown-Oxford, Princeton University Press, 2000, 2005 e 2015 (trad. it. *Euforia irrazionale: analisi dei boom di borsa*, Bologna, Il Mulino, 2000).

[28] Questa distorsione del concetto di reputazione è ben documentata nel contributo di Jesse Shapiro, *Special Interests and the Media: Theory and an Application to Climate Change*, NBER Working Paper n. 19807, 2015.

[29] Sull'argomento si veda l'articolo molto pertinente di Franck Ramus, «Comprendre le système de publication scientifique», *Science et Pseudo-Sciences*, n. 308, aprile 2014.

[30] ideas.repec.org/top/top.person.alldetail10.html.

[31] ideas.repec.org/top/top.france.html#authors.

[32] ideas.repec.org/top/top.journals.all.html.

[33] Max Weber, *Il lavoro intellettuale come professione*, Torino, Einaudi, 1948.

CONCLUSIONI

L'economia è diventata una scienza sperimentale e, in quanto tale, ha molto da insegnarci. È questo il messaggio che intendevamo trasmettere con il nostro libro. E, come qualsiasi scienza sperimentale, l'economia ha l'obiettivo di mettere in evidenza dei rapporti di causa-effetto. E possiede anche i metodi per riuscire in questo intento: per conoscere le conseguenze di una misura adottata dai poteri pubblici – che si tratti per esempio della mescolanza scolastica, della riduzione dell'orario di lavoro o di un aumento delle imposte – gli economisti realizzano «esperimenti» o sfruttano gli eventi offerti dall'attualità, o dalla storia, per mettere a confronto gruppi in seno ai quali è stata applicata quella misura con altri in cui essa non è stata adottata. I biologi e i medici procedono nello stesso modo quando intendono conoscere l'efficacia di un farmaco. I risultati ricavati da tali metodi sono pubblicati su riviste scientifiche aperte a tutti i ricercatori del pianeta. Ma vengono pubblicati soltanto dopo aver subito un rigido controllo da parte degli esperti del settore. Ulteriori pubblicazioni potranno confermare quei risultati o al contrario contraddirli dopo aver superato lo stesso processo di controllo. È questo l'approccio della produzione delle conoscenze in qualsiasi ambito scientifico, compresa l'economia.

Questo metodo non sfugge ai tentativi di manipolazione, persino alle frodi perpetrate in base a interessi finanziari, posizioni di potere o presupposti ideologici. La stessa cosa accade in ogni campo della conoscenza. Nonostante questi rischi, l'approccio scientifico resta la migliore difesa contro l'oscurantismo e il proliferare di convinzioni prive di fondamento. Esso rappresenta il migliore, e forse l'unico, baluardo contro il negazionismo che intende mascherare da verità quelle che sono menzogne. Ma accettare tale approccio è impegnativo e implica in particolare che ogni risultato non convalidato da questo processo debba essere considerato con sospetto. Questa posizione può sembrare rigida, arrogante, persino «scientista» e può essere vista come una chiusura alle altre forme di pensiero. Ma le cose non stanno così: l'approccio scientifico è aperto a tutte le idee purché esse siano sottoposte al vaglio dei pari competenti. Tale metodo è indispensabile per contrastare qualsiasi tentativo di far passare una menzogna per verità.

In sostanza, è l'adozione di questo metodo tratto dalle scienze sperimentali a contraddistinguere oggi l'analisi economica. Ma una simile adozione non implica in alcun modo una sottomissione al «sistema», al liberismo o alla finanza, come si vorrebbe far credere. Gli orientamenti di parte degli economisti che lavorano secondo questo paradigma sono i più disparati, probabilmente quanto quelli dei ricercatori in campo medico, degli astronomi o dei climatologi. Sono coloro che si oppongono a tale approccio a essere asserviti a credenze e ideologie. Si crogiolano dei risultati ricavati dagli studi *mainstream* quando corroborano le loro opinioni – con dichiarazioni del tipo «ve l'avevamo detto» –, mentre li rifiutano con disprezzo e veemenza in caso contrario, sottintendendo la domanda «che cosa vi potevate aspettare da persone del genere?». Tuttavia, ridurre l'orario di lavoro non creerà o distruggerà posti di lavoro a seconda che l'imprenditore e i suoi dipendenti siano di sinistra o di destra. Voler cambiare la società senza tener conto delle conoscenze prodotte dall'approccio scientifico significa muoversi nella stessa direzione del negazionismo.

Queste considerazioni non necessariamente ci fanno certo piacere, ma sono imprescindibili. È comprensibile che i nostri governanti, o chi aspira a diventarlo, si rifiutino di affrontare la realtà. Le elezioni frequenti, di qualsiasi tipo e a tutti i livelli, incoraggiano a privilegiare il breve termine e incitano a salvaguardare i gruppi di interesse. Ma anche gli intellettuali e i grandi imprenditori hanno una parte di responsabilità. Non abbiamo mai smesso di denunciarli in questo libro. Rifiutando gli insegnamenti dell'analisi economica, spesso in modo indiscriminato, si sono privati degli strumenti che avrebbero consentito loro di riflettere con obiettività sui meccanismi che disciplinano la produzione e la distribuzione della ricchezza. Questa cecità fa sì che una gran parte delle élite francesi condivida una forma di pensiero economico che ha più attinenza con le credenze fantasmagoriche che con il razionalismo. Basti pensare ai rimedi magici ritenuti in grado di guarirci da tutti i nostri mali, all'istante e senza costi, come la settimana di 32 ore, la reindustrializzazione dei territori, la riduzione delle imposte, l'aumento della spesa pubblica, la tassazione delle transazioni finanziarie, la deglobalizzazione o ancora, per qualcuno, la chiusura delle frontiere e il blocco dell'immigrazione. Tutto ciò si inserisce nella linea del negazionismo. Oggi disponiamo delle armi per contrastarlo.

RINGRAZIAMENTI

Per questo libro dobbiamo molto ai nostri amici, colleghi ed editor che hanno dedicato generosamente parecchio del loro tempo per incoraggiarci, consigliarci, leggerci e rileggerci. Ringraziamo sinceramente Daniel Baroin, Sophie Berlin, Stéphane Carcillo, Christine Chacon-Adam, Édouard Challe, Béatrice Couairon, Philippe Ducrocq, Françoise Ducrocq-Curdel, François Etner, Marc Ferracci, François Fontaine, Olivier Galland, Olivier Gossner, Jean-Olivier Hairault, Fleur d'Harcourt, Marie-Christine Jobic, Hubert Kempf, Francis Kramarz, Étienne Lehmann, Franck Malherbet, Pierre Morin, Pierre Picard, Alain Polge, Jean-Emmanuel Ray, David Thesmar, Jean Tirole, Philippe Trainar, Marie-Anne Valfort.

DEGLI STESSI AUTORI

Pierre Cahuc, Marc Ferracci, *L'Apprentissage*, Les Presses de Sciences Po, 2015.

Pierre Cahuc, André Zylberberg, *Les Ennemis de l'emploi*, Flammarion, 2015. Prima pubblicazione: *Le Chômage, fatalité ou nécessité?*, Flammarion, 2005.

Pierre Cahuc, Yann Algan, André Zylberberg, *La Fabrique de la défiance*, Albin Michel, 2012.

Pierre Cahuc, Stéphane Carcillo, Olivier Galland, André Zylberberg, *La Machine à trier*, Eyrolles, 2011 (ried. 2017).

Pierre Cahuc, André Zylberberg, *Les Réformes ratées du président Sarkozy*, Flammarion, 2009; 2010.

Pierre Cahuc, André Zylberberg, *La Société de défiance*, Éditions Rue d'Ulm, 2007 (ried. 2016).

Pierre Cahuc, André Zylberberg, *Microéconomie du marché du travail*, La Découverte, 2003.

Pierre Cahuc, André Zylberberg, *Le Marché du travail*, De Boeck, 2001.

FRONTIERE
UNIVERSITÀ BOCCONI EDITORE

Della stessa collana

Tito Boeri, Antonio Merlo, Andrea Prat (a cura di), *Classe dirigente*

Francesco Daveri, *Stranieri in casa nostra*

Richard A. Posner, *La crisi della democrazia capitalista*

Alberto Abruzzese, *Il viaggio (in)finito*

Giuliano Amato, Paolo Peluffo, *Alfabeto italiano*

Carlo Marsili, *La Turchia bussa alla porta*

Valentina Reda, *I sondaggi dei presidenti*

Alberto Martinelli, *L'Occidente allo specchio,* II edizione

Kishore Mahbubani, *Nuovo emisfero asiatico*

Matteo Verda, *Una politica a tutto gas*

Rony Hamaui, Luigi Ruggerone, *Il Mediterraneo degli altri*

Emilio Colombo, Alessandra Michelangeli, Luca Stanca,
Città italiane in cerca di qualità

Michele Pellizzari, Jacopo Orsini (a cura di), *Dinastie d'Italia*

John Quiggin, *Zombie economics*

Geert Lovink, *Ossessioni collettive*

Mogens Herman Hansen, *Polis*

Francesco Billari (a cura di), *Teniamo famiglia*

Fortunato Musella, *Il premier diviso*

Stefano Boccaletti (a cura di), *Ecologisti in casa propria*

Manuel Castells, *Reti di indignazione e speranza*

Eugenio d'Auria, *Veli d'Arabia*

Franco Mazzei, Vittorio Volpi, *Asia al centro*, II edizione

Luigino Bruni, *Il mercato e il dono*

Cass R. Sunstein, *Effetto nudge*

Vittorio Volpi, *Giappone delle meraviglie*

Susan Haack, *Legalizzare l'epistemologia*

Tyler Cowen, *La media non conta più*

Jeffrey Sachs, *l'era dello sviluppo sostenibile*

Alex Pentland, *Fisica sociale*

Geert Lovink, *L'abisso dei social media*

Gloria Origgi, *La reputazione*

Diego Gambetta, Steffen Hertog, *Ingegneri della jihad*

Mark Granovetter, *Società ed economia*